Cómo Dejar de Pensar Demasiado:

- ¡Es el Momento de Vivir, No de Sobrevivir! -

Libera tu Mente de Obsesiones, Alivia el Estrés y la Ansiedad, y Encuentra la Serenidad Mental que Cambiará tu Vida para Siempre

Por Alessio Bianco

RESUMEN

PREFACIO

En el torbellino incesante de nuestros pensamientos cotidianos, a menudo nos encontramos con un enemigo insidioso que mina silenciosamente nuestro potencial: el 'pensar demasiado'. Este hábito, aparentemente inocuo, puede transformarse en una cadena que nos retiene, ralentizando no solo nuestro proceso de crecimiento personal, sino también nuestra capacidad de disfrutar de la vida.

Cuando pensar demasiado se convierte en una práctica constante, nos encontramos atrapados en un laberinto de "y si" y escenarios hipotéticos, perdiendo de vista la realidad y las oportunidades que nos rodean. Cada momento dedicado a reflexionar sobre errores pasados o a preocuparse por el futuro es un momento en el que no estamos plenamente presentes. Estos pensamientos, que se acumulan uno sobre otro sin dar respiro, pueden llevar al estrés, la ansiedad y la parálisis decisional: un estado en el que tomar decisiones se vuelve cada vez más difícil, no por falta de opciones, sino por el miedo a equivocarse.

Este libro aborda con precisión el fenómeno de pensar demasiado, ofreciendo no solo una explicación detallada de sus causas, sino también estrategias prácticas para liberarse de él. Los guiaremos a través de un camino de autodescubrimiento y crecimiento, mostrando cómo el desprendimiento de los pensamientos opresivos puede abrir nuevas puertas a la creatividad, la eficacia personal y la felicidad.

La lectura de este libro es una invitación a dar un paso atrás de los ciclos de pensamiento que los mantienen anclados al pasado o asustados por el futuro. Es una exhortación a vivir en el aquí y ahora, abrazando plenamente el potencial de cada momento.

Con técnicas validadas y enfoques probados, les enseñaremos a calmar la mente y a enfocar la energía no en pensar más, sino en pensar mejor.

Déjense sorprender por la simplicidad con la que pueden transformar su vida. No se trata de eliminar los pensamientos, sino de aprender a gestionarlos de modo que no obstaculicen su crecimiento. Este libro les proporcionará las herramientas para hacerlo, acompañándolos en cada paso del camino hacia una vida menos estresante y más satisfactoria. Prepárense para redescubrir el placer de vivir con ligereza, libres del peso de los pensamientos incesantes. Bienvenidos a una nueva era de su vida, donde pensar demasiado ya no es el amo de sus días.

A tu crecimiento y éxito,

Alessio Bianco

CAPÍTULO I

INTRODUCCIÓN AL FENÓMENO DEL "PENSAR DEMASIADO"

Introducción y Definición del Concepto de 'Pensar Demasiado'

El fenómeno de "pensar demasiado" es uno de los desafíos más omnipresentes que enfrentamos en la era moderna de la hiperconexión y la información constante.

Pero, ¿qué significa realmente pensar "demasiado"?

A primera vista, podría parecer un oxímoron. Después de todo, el pensamiento es una de las cualidades más celebradas del ser humano, lo que nos distingue de otros animales y nos permite crear, innovar y resolver problemas complejos. Sin embargo, hay un límite más allá del cual el pensamiento deja de ser productivo y se convierte en un mecanismo de obstáculo más que de ayuda.

En el contexto de este libro, "pensar demasiado" no se refiere simplemente a tener muchos pensamientos, sino al acto de reflexionar obsesivamente sobre preocupaciones, dudas, escenarios y posibilidades particulares hasta crear una espiral descendente de ansiedad e indecisión. Es cuando la mente se convierte en un laberinto inextricable de "*¿qué pasa si?*" y "si tan solo", haciendo casi imposible actuar o tomar decisiones basadas en una evaluación racional.

Para ser más precisos, "pensar demasiado" es una forma hiperactiva de pensamiento que se adhiere como una garrapata a conceptos, ideas o preocupaciones específicas y los revisa continuamente sin llegar a una solución o conclusión. Este proceso puede volverse tan absorbente que monopoliza nuestra atención, desviándonos de otras actividades e incluso de otras formas de pensamiento más constructivas.

Para complicar aún más las cosas, el 'pensar demasiado' a menudo se desconecta de la realidad objetiva. Por ejemplo, podríamos pasar horas preocupándonos por las impresiones que otros tienen de nosotros, sin ninguna prueba concreta de que nuestras preocupaciones estén fundamentadas. O podríamos reflexionar sobre decisiones pasadas, imaginando escenarios alternativos que, al ser examinados más detenidamente, resultan ser irreales o incluso imposibles.

El 'pensar demasiado' es, por lo tanto, un problema que va más allá del simple hecho de tener una mente activa. Es un comportamiento que puede tener repercusiones significativas en nuestra salud mental, en nuestro bienestar emocional y en nuestra capacidad de funcionar eficazmente en la vida cotidiana. Para muchos, se convierte en un ciclo vicioso: cuanto más pensamos, más ansiosos nos volvemos; cuanto más ansiosos estamos, más pensamos.

Comprender la naturaleza exacta de este fenómeno es el primer paso para liberarnos de su dominio.

Pero, ¿cómo es posible que una de nuestras habilidades más fundamentales - el pensamiento - pueda convertirse en una fuente de angustia y disfunción?

¿Y cuál es el contexto más amplio, tanto biológico como social, que facilita este tipo de comportamiento mental obsesivo?

A estas y otras preguntas intentaremos responder en los siguientes capítulos, comenzando con una discusión sobre el contexto biológico y social del 'pensar demasiado', que exploraremos en el próximo punto.

El Contexto Biológico y Social de 'Pensar Demasiado'

Después de explorar qué significa 'pensar demasiado', es esencial considerar los elementos biológicos y sociales que contribuyen a esta forma problemática de pensamiento. Porque, al final, 'pensar demasiado' no es un fenómeno aislado que ocurre en una burbuja. Está influenciado por una compleja red de factores que van desde la neuroquímica hasta la cultura, y que juntos crean un terreno fértil para la espiral descendente del ruido mental.

Comencemos por el lado biológico. Desde el punto de vista neurocientífico, 'pensar demasiado' puede estar relacionado con ciertas estructuras y vías en el cerebro, en particular la corteza prefrontal, el área responsable de la planificación, la resolución de problemas y la regulación de las emociones. Cuando esta región está hiperactiva o cuando los neurotransmisores como la serotonina y el cortisol están desequilibrados, la tendencia a reflexionar aumenta. Estudios de neuroimagen también han mostrado una actividad elevada en áreas del cerebro relacionadas con la vigilancia y el procesamiento emocional en individuos que tienden a 'pensar demasiado'.

Pero no podemos culpar solo a la biología. Nuestro entorno social juega un papel igualmente crucial. Vivimos en una era de sobrecarga informativa, bombardeados por noticias, publicidad e interacciones sociales virtuales que pueden alimentar la ansiedad y la incertidumbre. La presión para estar siempre 'conectados' y 'productivos' puede llevar a una espiral de pensamientos incesantes, ya que buscamos satisfacer expectativas a menudo poco realistas.

Además, la cultura occidental, con su énfasis en el individualismo y el éxito, a menudo canaliza el valor de una persona en su productividad y logros. Esto puede llevar a un ciclo vicioso de 'pensar demasiado' orientado hacia la autoevaluación, la comparación social y la preocupación por el futuro. En otras palabras, la sociedad puede implícitamente programar nuestras mentes para considerar 'pensar demasiado' como un medio necesario para alcanzar el éxito o evitar el fracaso, aunque, como hemos visto, el efecto suele ser el contrario.

Cuando combinamos factores biológicos y sociales, obtenemos un panorama complejo de cómo 'pensar demasiado' es alimentado y mantenido. Por ejemplo, un individuo genéticamente predispuesto a la ansiedad podría encontrar particularmente estresante el ritmo frenético de la vida moderna, desencadenando un ciclo adicional de pensamientos obsesivos. O, por el contrario, una persona criada en un ambiente particularmente crítico o juicioso podría desarrollar vías neuronales que faciliten la reflexión excesiva y la autocrítica.

Comprender el contexto biológico y social de 'pensar demasiado' es fundamental para dejar de ser víctimas de nuestro propio cerebro y comenzar a tomar el control de nuestros pensamientos. La buena noticia es que, a pesar de la complejidad de estos factores, existen caminos para contrarrestar las influencias tanto biológicas como sociales que alimentan esta forma problemática de pensamiento. Pero antes de explorar estas soluciones, es esencial comprender plenamente el impacto que 'pensar demasiado' puede tener en nuestra salud mental. Este será el tema del próximo punto, donde hablaremos de los efectos devastadores que este fenómeno puede tener en varios aspectos de nuestra vida.

Los Efectos Devastadores de 'Pensar Demasiado' en la Salud Mental

Si 'pensar demasiado' fuera un fenómeno inocuo, estaríamos todos a salvo de sus garras. Sin embargo, es evidente que tiene un impacto significativo en nuestra salud mental y, en algunos casos, puede llevar a una variedad de trastornos psicológicos, incluyendo la ansiedad, la depresión e incluso el trastorno obsesivo-compulsivo (TOC).

Partiendo del principio de que la mente es como un terreno fértil, 'pensar demasiado' actúa como una especie de "malezas invasoras" que sofocan los pensamientos constructivos y creativos. Cada minuto dedicado a la reflexión excesiva o a la ansiedad anticipatoria es un minuto sustraído a nuestra capacidad de vivir plenamente el presente, de tomar decisiones informadas o de disfrutar de los pequeños placeres de la vida. Este costo de oportunidad mental es uno de los daños más insidiosos y menos reconocidos.

No solo 'pensar demasiado' nos distrae del momento presente, sino que también mina nuestra autoestima y nuestro sentido de autoeficacia. Cuando nos encontramos atrapados en una espiral de pensamientos negativos, comenzamos a dudar de nuestras capacidades y de nuestro valor. Esta forma de autosabotaje no solo nos impide alcanzar nuestros objetivos, sino que también nos priva de la alegría y la satisfacción que derivan de lograr algo significativo.

Pero vayamos más allá. El impacto de 'pensar demasiado' puede extenderse a nuestro bienestar físico. Trastornos como el insomnio, problemas digestivos e incluso enfermedades cardíacas han sido vinculados a estados de estrés crónico y ansiedad. En términos más simples, el cuerpo y la mente están íntimamente conectados, y uno influye en el otro en un ciclo infinito de interdependencia.

Otra dimensión a menudo pasada por alto es el efecto que 'pensar demasiado' puede tener en nuestras relaciones. Una mente constantemente presa de la ansiedad o la reflexión tiende a proyectar estas emociones en los intercambios con los demás. Podríamos volvernos hipersensibles o reactivos, interpretar erróneamente señales sociales, o peor aún, retirarnos de la interacción social para evitar más estrés o vergüenza. Este aislamiento autoimpuesto no hace más que alimentar aún más el ciclo de pensamientos negativos, creando un torbellino del que es difícil salir.

Pero, ¿cómo se llega a este punto?

Bien, cuando nos adentramos en este torbellino de pensamientos, se activa una especie de 'ábaco mental' donde cada pensamiento negativo desencadena otro, en una cascada que puede ser devastadora. Es un ciclo que se vuelve cada vez más difícil de romper, especialmente si no somos conscientes de lo que está ocurriendo dentro de nosotros.

Para concluir, 'pensar demasiado' es un problema serio que puede llevar a consecuencias mentales, físicas y sociales devastadoras. Y aunque los factores biológicos y sociales que hemos explorado contribuyen indudablemente a este fenómeno, la buena noticia es que no estamos completamente indefensos. Podemos aprender herramientas y técnicas que nos ayuden a dejar de ser víctimas de nuestros pensamientos y a tomar el control de nuestra mente. En el siguiente punto, nos enfocaremos en algunas de estas herramientas, en particular sobre las diferentes formas de 'pensar demasiado' que pueden manifestarse y cómo empezar a identificarlas.

Principios de Psicología Cognitiva Aplicados a 'Pensar Demasiado'

Aunque 'pensar demasiado' pueda parecer un torbellino caótico e irracional de pensamientos, en realidad sigue algunas lógicas y mecanismos que están arraigados en la psicología cognitiva. Una de las premisas fundamentales de esta rama de la psicología es que nuestros pensamientos, sentimientos y comportamientos están interconectados. Cuando uno de estos elementos sufre un cambio, impacta en los otros dos.

Comencemos con la disonancia cognitiva, un fenómeno bien estudiado que ocurre cuando hay contradicciones entre lo que pensamos y lo que hacemos. Por ejemplo, si eres una persona que se preocupa por la salud pero fumas, esta contradicción puede desencadenar una ansiedad que te empuje a 'pensar demasiado' en las formas de resolver este conflicto interno. Para algunos, la solución podría ser dejar de fumar, mientras que para otros podría llevar a justificaciones mentales que hagan aceptable el comportamiento. En ambos casos, 'pensar demasiado' actúa como un catalizador que nos obliga a enfrentar estas incongruencias, aunque a menudo de manera poco productiva.

Otro principio fundamental es el concepto de 'esquema mental', que es básicamente un modelo o un marco que utilizamos para interpretar y organizar la información. Cuando vivimos una experiencia, tendemos a encajarla en uno de los esquemas mentales existentes. Si la experiencia no se ajusta a un esquema, podría desencadenar un período de 'pensar demasiado' mientras el cerebro intenta conciliar la nueva información con las creencias existentes. Esto puede llevar a reelaboraciones mentales, a veces exageradas, que pueden distorsionar la realidad.

El fenómeno del 'sesgo de confirmación' es otro mecanismo psicológico que alimenta 'pensar demasiado'. Este sesgo nos impulsa a buscar, interpretar y recordar información de manera que confirme nuestras creencias o hipótesis preexistentes. Si, por ejemplo, creemos que estamos destinados al fracaso, cada pequeño contratiempo o error será amplificado en nuestra mente como una 'prueba' de que estamos fallando, empujándonos a un ciclo de pensamientos negativos y autodestructivos.

También está el principio de la 'catastrofización', una forma distorsionada de pensamiento en la que imaginamos el peor resultado posible de una situación. Esto genera un alto nivel de ansiedad y preocupación, activando la respuesta al estrés del cuerpo e induciendo más pensamiento obsesivo. La catastrofización a menudo se alimenta de una especie de 'pensamiento mágico', donde creemos que imaginar lo peor nos preparará mejor para enfrentarlo, aunque en la realidad, solo nos hace sentir más ansiosos e impotentes.

Finalmente, es crucial hablar del concepto de 'atención selectiva', que es nuestra tendencia a concentrarnos en ciertos elementos de una situación mientras ignoramos otros. Cuando estamos atrapados en 'pensar demasiado', nuestra atención selectiva a menudo se centra en lo negativo, alimentando una espiral descendente de emociones y pensamientos.

Comprender estos principios de psicología cognitiva no solo ilumina los mecanismos detrás del fenómeno de 'pensar demasiado', sino que también nos prepara para entender cómo ciertos comportamientos y tendencias del pensamiento pueden arraigarse profundamente en nuestras mentes. Es como revelar los hilos ocultos detrás de una compleja telaraña de pensamientos que, una vez comenzamos a reconocerlos, podemos empezar a desactivar.

Pero, ¿qué sucede cuando estos hilos se entrelazan de tal manera que crean un ciclo de pensamientos incesante y obsesivo?

¿Cómo podemos interrumpir este ciclo?

Para responder a estas preguntas, es esencial examinar algunos conceptos clave: la 'rumiación' y la ansiedad anticipatoria. Estos conceptos nos ayudarán no solo a comprender, sino también a abordar de manera efectiva el hábito de 'pensar demasiado'.

Teorías y Conceptos Clave: 'Rumiación' y 'Ansiedad Anticipatoria'

Una vez comprendidos los mecanismos básicos, como la disonancia cognitiva, el esquema mental y la atención selectiva, será más fácil adentrarnos en los fenómenos específicos relacionados con 'pensar demasiado', como la rumiación mental y la ansiedad anticipatoria. La rumiación es un término utilizado principalmente en la psicología para describir un proceso mental que involucra una preocupación obsesiva o una continua reflexión sobre los mismos pensamientos o problemas, sin llegar a una solución.

Este proceso de rumiación puede ser agudo, como en el caso de una persona preocupada por una próxima entrevista de trabajo y que no puede apartar la mente de escenarios negativos. Pero también puede ser crónico, como en el caso de personas que están constantemente preocupadas por su salud o por el futuro, hasta el punto de que la preocupación se convierta en una forma de sufrimiento mental. De hecho, la rumiación se ha relacionado estrechamente con una variedad de problemas de salud mental, incluyendo la depresión, los trastornos de ansiedad y el trastorno obsesivo-compulsivo (TOC).

A diferencia de la rumiación, que se enfoca más en el pasado o en el presente, la ansiedad anticipatoria se concentra en el futuro. Es una forma de preocupación que va más allá de la simple aprensión; es un ciclo incesante de pensamientos y escenarios mentales que preparan a la persona para el peor resultado posible. La ansiedad anticipatoria es a menudo debilitante porque puede llevar a la evitación y la procrastinación, impidiendo que la persona tome medidas proactivas para enfrentar efectivamente la situación.

Un elemento interesante, tanto de la rumiación como de la ansiedad anticipatoria, es que ambos fenómenos a menudo aprovechan los principios de la psicología cognitiva que hemos discutido anteriormente. Por ejemplo, la rumiación puede ser alimentada por esquemas mentales distorsionados que nos llevan a interpretar cada situación como una amenaza potencial, mientras que la ansiedad anticipatoria puede ser reforzada por el sesgo de confirmación cuando nuestra mente selecciona y amplifica solo la información que sostiene nuestra preocupación.

En el contexto de 'pensar demasiado', estos dos conceptos funcionan como subcategorías que nos permiten identificar y analizar mejor las diversas formas que puede adoptar este hábito mental. Conocer la diferencia entre rumiación y ansiedad anticipatoria es fundamental para abordar el problema de manera dirigida. Por ejemplo, interrumpir un ciclo de rumiación podría requerir una forma diferente de intervención en comparación con la necesaria para atenuar la ansiedad anticipatoria.

Ambos fenómenos también pueden estar entrelazados con mecanismos biológicos, como la respuesta al estrés del cuerpo. Cuando entramos en un ciclo de rumiación o ansiedad anticipatoria, el cuerpo puede liberar hormonas del estrés como el cortisol, que a su vez alimentan aún más estos estados mentales, creando un ciclo vicioso difícil de interrumpir.

En resumen, la rumiación y la ansiedad anticipatoria no son solo el fruto de una mente errante, sino que representan patrones bien definidos que pueden tener implicaciones serias en nuestra salud mental y bienestar general. Estos conceptos enriquecen nuestra comprensión de 'pensar demasiado', proporcionando vías para intervenciones más dirigidas y efectivas. Y, a medida que avanzamos, exploraremos cómo romper estos ciclos peligrosos a través de estrategias y técnicas que han demostrado su eficacia en la práctica clínica y en la investigación científica.

CAPÍTULO II

ANÁLISIS DE LA RUMIACIÓN

Profundidad del Concepto de Rumiación

El término "rumiación" deriva del latín "ruminare", que literalmente significa masticar de nuevo lo que ya ha sido masticado. En el contexto de la psicología, el término asume una connotación menos física pero igual de intensa. Hablando en términos simples, la rumiación es el proceso mental de masticar obsesivamente los pensamientos, a menudo de naturaleza negativa o preocupante. Sin embargo, hay mucho más detrás de esta definición simplificada.

La rumiación es un tipo específico de atención dirigida a los detalles de las propias preocupaciones, a diferencia de la reflexión que es un análisis más neutral o incluso más constructivo de los problemas. Cuando las personas ruminan, tienden a centrarse en las causas y consecuencias, en lugar de en las soluciones. Es como estar atrapado en un bucle mental que subraya la gravedad del problema en lugar de enfocarse en cómo salir de él.

La rumiación es también un elemento clave en varios trastornos mentales, incluyendo la depresión, la ansiedad y los trastornos obsesivo-compulsivos (TOC). Está estrechamente relacionada con el concepto de "pensar demasiado" que ya hemos introducido, pero con un énfasis específico en la negatividad y la falta de acción.

A pesar de su aparente simplicidad, el concepto de rumiación está profundamente entrelazado con varios aspectos de la mente humana, incluyendo la memoria, la atención y las emociones. Es una manifestación extrema del deseo normal de comprender y resolver problemas. Pero en este caso, el proceso de resolución de problemas está defectuoso, convirtiéndose en un obstáculo para la felicidad y el bienestar.

Uno de los aspectos más dañinos de la rumiación es su capacidad para alimentarse a sí misma. Piensa en una bola de nieve que rueda colina abajo; cuanto más avanza, más grande e imparable se vuelve. De la misma manera, los pensamientos rumiativos tienden a atraer otros pensamientos negativos, creando una espiral descendente que puede ser extremadamente difícil de interrumpir.

Pero es fundamental no confundir la rumiación con una simple preocupación. Mientras que la preocupación tiende a estar enfocada en el futuro, la rumiación está a menudo anclada en el pasado o en el presente. Se trata de repensar eventos pasados con un sentido de arrepentimiento o auto-reproche, o de detenerse en las circunstancias actuales de manera detallada e implacable, sin una dirección clara hacia la resolución del problema.

Comprender la profundidad y complejidad de la rumiación es el primer paso para aprender a gestionarla. Dado que los pensamientos rumiativos a menudo tienen raíces profundas en las experiencias de vida, las estrategias para abordarlos requieren un análisis mucho más profundo. La rumiación, con sus facetas e implicaciones, requiere una cuidadosa reflexión y una comprensión profunda, tanto de su naturaleza como de sus causas. No es un simple acto de pensar, sino un patrón complejo que entrelaza memoria, emoción y atención.

Con una comprensión detallada del concepto, estamos mejor equipados para identificar no solo los síntomas y efectos devastadores, sino también las causas subyacentes y las posibles soluciones. Esta profunda introspección en la naturaleza de la rumiación sienta las bases para explorar más a fondo los indicadores y síntomas que a menudo la acompañan, arrojando luz sobre las múltiples dimensiones de este fenómeno psicológico.

Indicadores y Síntomas Comunes

Mientras se profundiza la comprensión del fenómeno de la rumiación, es fundamental reconocer los signos tangibles que manifiestan este tipo de comportamiento mental. Tales indicadores no son solo síntomas superficiales, sino puntos de acceso a un entramado complejo de mecanismos psicológicos y neurológicos. Conocerlos significa poseer un mapa que puede guiar tanto al clínico como al individuo a través del laberinto de la mente rumiativa.

Uno de los signos más obvios de la rumiación es la dificultad para concentrarse en tareas externas. La mente está tan absorbida por un torbellino de pensamientos obsesivos que resulta casi imposible concentrarse en cualquier otra cosa. Esto tiene un impacto significativo en la productividad, las relaciones sociales y la calidad de vida en general.

De manera similar, los trastornos del sueño son otro indicador común. El acto de rumiar tiende a intensificarse durante los momentos de quietud, como precisamente la noche, cuando el individuo no está distraído por otras actividades. Esto puede llevar a una serie de problemas relacionados con el sueño, como el insomnio, que a su vez pueden agravar aún más el ciclo de la rumiación.

La irritabilidad es otro síntoma revelador. Dado que la mente está en un estado de estrés continuo, las respuestas emocionales pueden ser exacerbadas. Se podría reaccionar de manera excesiva a pequeños disgustos o inconvenientes, creando tensión en las relaciones interpersonales y aumentando el riesgo de aislamiento social.

Desde el punto de vista físico, es posible notar síntomas como tensión muscular y dolores de cabeza, debido al constante estado de alerta y tensión generado por la rumiación. Además, se pueden desarrollar trastornos alimentarios como la anorexia o la bulimia, o hábitos poco saludables como fumar y el abuso de alcohol, como intentos malsanos de autorregulación.

Además de estos signos más evidentes, hay síntomas menos manifiestos pero igualmente dañinos. Un ejemplo es el declive de la autoeficacia, es decir, la confianza en la propia capacidad para enfrentar los desafíos. Cuando la mente está constantemente ocupada rumiando, la confianza en la habilidad para resolver problemas disminuye, contribuyendo a un sentido de impotencia que puede influir en todos los aspectos de la vida.

Otro síntoma menos inmediatamente reconocible es el aumento de las tendencias perfeccionistas. La rumiación puede empujar al individuo a detenerse excesivamente en errores o imperfecciones, tanto reales como imaginarias, llevando a una búsqueda obsesiva de la perfección como un mecanismo de defensa contra las preocupaciones internas.

Conocer estos indicadores y síntomas es fundamental no solo para la autoidentificación, sino también para la intervención clínica. Cada síntoma puede ser un punto de entrada para investigaciones psicológicas y neurológicas adicionales, proporcionando las bases para las estrategias terapéuticas que exploraremos más adelante. Ahora que hemos delineado estos signos tangibles, es el momento de profundizar aún más, examinando las teorías científicas que intentan explicar por qué la rumiación se manifiesta de la manera en que lo hace.

Teorías Psicológicas y Neurológicas que Explican la "Rumiación"

Después de discutir los indicadores y síntomas que señalan la presencia de rumiación, es imperativo sumergirse en las teorías científicas que intentan descifrar este fenómeno complejo. Entender las bases científicas no solo nos da una visión más completa del problema, sino que también nos proporciona las herramientas para abordarlo de manera efectiva.

Una de las teorías psicológicas más influyentes es la Teoría del Procesamiento Cognitivo, que sugiere que la rumiación es una forma de procesamiento mental hiperactivo. Desde esta perspectiva, la rumiación es como un motor cognitivo que funciona a toda marcha, haciendo difícil para la persona "apagar" el pensamiento obsesivo. Esta teoría está respaldada por varios estudios que han mostrado una mayor actividad en ciertas áreas del cerebro, como la corteza prefrontal, en individuos que tienden a rumiar.

Otro punto de vista proviene de la psicología evolutiva. Según esta perspectiva, la tendencia a rumiar podría tener raíces en nuestro pasado evolutivo como un mecanismo de supervivencia. En un entorno peligroso, detenerse en un problema hasta encontrar una solución podría ser vital. Sin embargo, en un mundo moderno menos amenazante, esta tendencia se ha transformado en un comportamiento disfuncional.

En el campo de la neurología, la teoría de las redes neuronales ofrece explicaciones intrigantes. En términos simples, las redes neuronales involucradas en la rumiación pueden volverse más fuertes con el tiempo, en un ciclo de reforzamiento. Las conexiones neuronales se "entrenan" a través de la repetición, por lo que, cuanto más se rumia, más fácil se vuelve hacerlo en el futuro. Es una especie de círculo vicioso a nivel neuronal.

Y no olvidemos la teoría del "sistema de recompensa cerebral," que postula que ciertos tipos de rumiación pueden producir efectivamente una forma de gratificación inmediata, aunque disfuncional. Esta gratificación puede hacer aún más difícil interrumpir el ciclo de rumiación, a pesar de sus efectos negativos a largo plazo.

Es importante también considerar el aspecto bioquímico, como la correlación entre los niveles de serotonina y la rumiación. Un desequilibrio de serotonina puede amplificar los comportamientos rumiantes y viceversa, en un entramado complejo de causas y efectos que aún hoy es objeto de estudio.

Las teorías presentadas, tanto psicológicas como neurológicas, no son exclusivas, sino que pueden coexistir e interactuar de maneras que hacen que la rumiación sea un fenómeno extremadamente complejo de tratar. Sin embargo, la conciencia de estos diferentes aspectos nos ofrece más puntos de apoyo para intervenciones terapéuticas específicas. Conocer las bases científicas de la rumiación nos permite entrar en el corazón del problema, preparándonos para discutir las implicaciones a largo plazo que este comportamiento puede tener. Un concepto que exploraremos en detalle en el siguiente punto, para entender cómo una comprensión multidisciplinarla puede proporcionar la base para estrategias de tratamiento más efectivas.

Implicaciones a Largo Plazo

Ahora que hemos examinado las teorías psicológicas y neurológicas que intentan descifrar la naturaleza compleja de la rumiación, es fundamental abordar las implicaciones a largo plazo que este comportamiento puede tener. Mientras que el papel de las redes neuronales y los mecanismos bioquímicos ofrece puntos de partida importantes para intervenciones específicas, es crucial comprender también los costos asociados a una vida llena de pensamientos rumiantes.

Una de las implicaciones más inmediatamente observables es el efecto debilitante en la calidad de vida. La rumiación tiende a ocupar una parte significativa del "espacio mental" de un individuo, dejando menos recursos cognitivos para otras actividades. Este estado de saturación mental puede llevar a una disminución de la productividad, de la eficacia en la resolución de problemas y, en última instancia, del bienestar general.

Desde el punto de vista de la salud, la rumiación se ha relacionado con una serie de trastornos, desde la depresión y la ansiedad, hasta los trastornos alimentarios y el uso de sustancias. Pero no termina ahí. Las investigaciones también han destacado sus efectos perniciosos en la salud física. Por ejemplo, la rumiación crónica se ha vinculado a una mayor producción de cortisol, la hormona del estrés, que a su vez puede tener repercusiones en todo, desde el sistema inmunológico hasta el metabolismo.

Y si miramos las relaciones interpersonales, las implicaciones pueden ser igualmente graves. La rumiación, siendo un proceso interiorizado, puede crear un sentido de aislamiento, mientras el individuo está inmerso en un monólogo interior cíclico. Esta retirada social puede intensificar los síntomas de enfermedades mentales y contribuir a un deterioro de las relaciones familiares y sociales.

En un contexto más amplio, la rumiación también puede tener repercusiones en la carrera y en las oportunidades económicas.

Evidencias sugieren que los individuos con altos niveles de rumiación son más propensos a mostrar un rendimiento laboral reducido, más días de enfermedad y una mayor rotación laboral. En una sociedad en la que la productividad es altamente valorada, estos efectos pueden ser devastadores.

Pero quizás una de las implicaciones más sutiles y penetrantes es el efecto de la rumiación en la percepción de uno mismo. Una persona atrapada en un ciclo de pensamientos rumiantes puede terminar viendo el mundo y a sí misma a través de una lente distorsionada, dando lugar a creencias auto-limitantes que pueden obstaculizar el potencial de crecimiento personal y profesional. Esta autopercepción distorsionada es un factor que no puede ser pasado por alto cuando se consideran las diferentes facetas de este comportamiento complejo.

La comprensión de las implicaciones a largo plazo de la rumiación es tan necesaria como urgente. Solo comprendiendo toda la gama de efectos podemos realmente esperar encontrar soluciones efectivas. La atención ahora se centra en el papel que la cultura y la sociedad juegan en perpetuar esta problemática. Un aspecto que merece una discusión detallada, ya que la rumiación no es solo un fenómeno individual sino también un producto cultural, un tema que exploraremos en el siguiente punto para dar una visión más completa del problema.

Cómo la Cultura y la Sociedad Alimentan la Rumiación

Examinando las diversas implicaciones de la rumiación, surge una pregunta con fuerza:

¿Cómo contribuyen la cultura y la sociedad a este fenómeno?

En otras palabras, ¿la rumiación es una característica universal del cerebro humano o está moldeada por factores culturales y sociales?

La respuesta es compleja. Mientras que la tendencia a rumiar puede tener raíces en nuestra biología, es innegable que está intensamente modelada e influenciada por el entorno cultural y social en el que vivimos.

Tomemos, por ejemplo, la glorificación del autoanálisis y la reflexión introspectiva. En muchas culturas occidentales, reflexionar profundamente sobre uno mismo se considera un signo de inteligencia y sensibilidad. Sin embargo, este mismo autoanálisis puede fácilmente derivar en rumiación, especialmente cuando no está guiado por un intento constructivo de resolver problemas. La línea entre la autorreflexión sana y la rumiación puede ser increíblemente delgada, y las normas culturales pueden a menudo empujarnos hacia la segunda.

El estrés relacionado con la productividad es otro factor cultural que alimenta la rumiación. Vivimos en una sociedad que valora fuertemente la eficiencia, la productividad y el éxito material. Esto puede llevar a los individuos a rumiar sobre errores pasados o desafíos futuros en un intento mal dirigido de aumentar su eficiencia o alcanzar los estándares socialmente aceptados de éxito. La presión de conformarse a estas expectativas puede ser un terreno fértil para el desarrollo de hábitos mentales destructivos.

Las plataformas de redes sociales son una contribución adicional a la creciente prevalencia de la rumiación. La constante exposición a vidas perfectamente curadas puede generar comparaciones sociales que incitan a la ansiedad y, sí, a la rumiación. Esto se agrava aún más por el hecho de que las redes sociales están diseñadas para ser compulsivas, manteniendo a las personas comprometidas en un ciclo infinito de desplazamiento que puede alimentar la rumiación.

Además, no podemos ignorar las diferencias de género. Las mujeres son generalmente más propensas a la rumiación que los hombres, según numerosos estudios. Esta disparidad podría estar alimentada por expectativas y presiones sociales que imponen a las mujeres estar particularmente sintonizadas con sus estados emocionales y relacionales, generando un espacio adicional para la rumiación.

Finalmente, la dinámica familiar también puede desempeñar un papel significativo. En familias donde la elaboración emocional no es alentada o incluso es estigmatizada, los individuos pueden retirarse a sus mundos interiores, donde la rumiación se convierte en un sustituto malsano para un diálogo emocional saludable.

Evidentemente, la cultura y la sociedad no solo modelan nuestra comprensión de la rumiación, sino también la manera en que la experimentamos y la gestionamos. Esto hace que la tarea de abordar la rumiación sea aún más complicada, pero también más urgente. La sociedad no es una entidad estática; es moldeable e influenciable. Si logramos reconocer cómo ciertos aspectos culturales y sociales alimentan esta práctica dañina, podemos empezar a imaginar una manera de cambiar estas estructuras. Las herramientas y estrategias efectivas son esenciales en este contexto, permitiéndonos navegar en el mar de las expectativas culturales y sociales sin ser arrastrados por la corriente de la rumiación. A través de la comprensión y la práctica, podemos crear un equilibrio saludable entre reflexión y acción, entre conciencia y presentismo.

CAPÍTULO III

LA TRAMPA DE LA ANSIEDAD ANTICIPATORIA

Análisis Detallado de la Ansiedad Anticipatoria

Si la rumiación es la obstinada reflexión sobre eventos pasados, la ansiedad anticipatoria es su contraparte que mira al futuro. Es como si la mente, en su incapacidad de abrazar el presente, encontrara un extraño consuelo en reflexionar sobre catástrofes futuras, muchas de las cuales nunca ocurrirán. Pero vayamos más allá de la simple definición: la ansiedad anticipatoria es un fenómeno complejo que involucra numerosos sistemas del cuerpo, desde la neuroquímica hasta la fisiología, y se entrelaza de manera compleja con nuestra vida cotidiana.

En su forma más simple, la ansiedad anticipatoria puede verse como una función de supervivencia. Nuestros antepasados que eran capaces de prever los peligros inminentes tenían mayores posibilidades de sobrevivir. La mente humana está programada para buscar patrones y hacer previsiones; de hecho, la capacidad de planificar es uno de los rasgos que más nos distingue como especie. Sin embargo, en un mundo moderno que es infinitamente más complejo y menos predecible que el de nuestros antepasados, esta tendencia a "preocuparse por adelantado" puede volverse patológica.

La preocupación constante por eventos futuros inciertos, en realidad, genera un ciclo de retroalimentación negativa. Esto ocurre porque los sistemas de alarma de nuestro cuerpo, como el sistema adrenérgico y el sistema de la hormona del estrés, el cortisol, se activan no solo por peligros reales sino también por la simple anticipación del peligro. Esta activación crónica puede llevar a una serie de problemas de salud, incluyendo hipertensión, debilitamiento del sistema inmunológico e incluso reducción de la longevidad.

Muchos podrían señalar que un cierto grado de ansiedad anticipatoria es beneficioso; después de todo, es lo que nos impulsa a prepararnos para presentaciones importantes, exámenes u otras situaciones de vida significativas. Sin embargo, cuando esta ansiedad supera cierto umbral, se vuelve paralizante en lugar de motivadora. No solo nos distrae de las tareas que tenemos por delante, sino que también puede hacernos hipervigilantes, haciéndonos reaccionar de manera exagerada a amenazas percibidas que podrían no ser reales en absoluto.

Otra dimensión de la ansiedad anticipatoria es su vínculo con los constructos sociales y culturales. En una sociedad que valora altamente la productividad y el éxito, fallar o incluso solo el miedo a fallar puede ser una fuente inmensa de ansiedad. Además, las redes sociales han amplificado nuestra exposición a eventos negativos globales, aumentando la gama de cosas por las que podemos estar ansiosos. Sin embargo, es fundamental notar que nuestra comprensión social de la ansiedad está influenciada por muchos factores, incluida la estigmatización de la salud mental, lo que puede inhibir a las personas de buscar ayuda.

La ansiedad anticipatoria representa un legado evolutivo que, aunque arraigado en las funciones de supervivencia de nuestro pasado, en un contexto moderno puede desembocar en una paradoja psicológica. Es el eco de una mente que, mientras trata de salvaguardarnos, también puede aprisionarnos en cadenas invisibles de estrés y aprensión. Nuestra época, con su velocidad y complejidad, exacerba esta predisposición, transformando un mecanismo de alerta en una alarma constante e inútil que resuena en ausencia de una amenaza real. Esta tensión entre funcionalidad y disfunción es el núcleo de la ansiedad anticipatoria. Su reconocimiento y comprensión no son solo el primer paso para el tratamiento, sino también un acto de emancipación psicológica: aceptar que el futuro es, por su naturaleza, incierto, y que el único poder que realmente poseemos es cómo elegimos responder a dicha incertidumbre. Con esta comprensión, podemos aprender gradualmente a liberar la ansiedad anticipatoria y a movernos hacia una presencia más calmada y centrada en el aquí y ahora.

Subtipos y Manifestaciones Comunes

Habiendo establecido la complejidad intrínseca de la ansiedad anticipatoria, es imperativo adentrarse en sus diversas manifestaciones y subtipos. Esta diversidad en las manifestaciones no es fruto del azar, sino un reflejo de la amplia gama de contextos y situaciones que pueden desencadenar este tipo de ansiedad. Este reconocimiento es esencial para la comprensión de los múltiples caminos que pueden ser tomados para el diagnóstico y el tratamiento.

Una de las formas más comunes es la ansiedad anticipatoria social. En esta variante, el individuo está absorbido por la preocupación de cómo será percibido por los demás en futuras interacciones sociales. Podría tratarse de eventos importantes como una entrevista de trabajo o una presentación, o situaciones cotidianas como una cena con amigos. A menudo, esta ansiedad es alimentada por experiencias pasadas que han dejado una impresión duradera, alimentando un ciclo de auto-sabotaje y retiro social.

Igualmente prevalente es la ansiedad anticipatoria relacionada con el rendimiento, a menudo manifestada en ámbitos académicos o profesionales. Aquí, el énfasis está en el temor a fracasar o a no cumplir con las expectativas. En algunos casos, el miedo al fracaso es tan paralizante que obstaculiza cualquier intento de empezar, causando procrastinación y, irónicamente, aumentando las posibilidades de un resultado negativo.

No debe olvidarse la ansiedad anticipatoria general, que puede ser la más debilitante ya que impregna todos los aspectos de la vida de un individuo. Desde preocupaciones por la salud hasta preocupaciones económicas, esta forma de ansiedad es a menudo una amalgama de numerosos temores no específicos que pueden parecer insuperables. Este estado perpetuo de alarma puede dificultar que el individuo se concentre, tome decisiones o disfrute de la vida.

Un punto fundamental es que la ansiedad anticipatoria no está limitada a los adultos; puede manifestarse también en la infancia. Por ejemplo, los niños pueden mostrar signos de ansiedad anticipatoria cuando se separan de sus padres o cuando enfrentan nuevas situaciones sociales como la escuela. Esto es significativo porque indica que la tendencia a la ansiedad anticipatoria puede estar arraigada en fases muy tempranas del desarrollo, influyendo en el bienestar a largo plazo.

Muchas de las manifestaciones de ansiedad anticipatoria a menudo están acompañadas de síntomas físicos como temblores, sudoración excesiva, palpitaciones y trastornos gastrointestinales. Estos síntomas físicos no son solo una consecuencia de la ansiedad, sino que también contribuyen a mantenerla, creando un ciclo vicioso que puede ser difícil de romper.

Es notable cómo la ansiedad anticipatoria puede expresarse de maneras tan diversas, ya que esto implica que las estrategias para abordarla deben ser igualmente personalizadas. Esta personalización del tratamiento será un punto de referencia mientras exploramos las teorías psicológicas y neurológicas que intentan explicar la ansiedad anticipatoria. Sin embargo, una cosa está clara: independientemente de la forma que tome, la ansiedad anticipatoria tiene serias implicaciones a largo plazo, tanto a nivel individual como colectivo. Nuestra próxima parada será explorar los mecanismos neurales y psicológicos que subyacen a este fenómeno, arrojando luz sobre cómo nuestro cerebro está cableado para prever, y en algunos casos, temer el futuro.

La Biología del Futuro: Cómo el Cerebro Predice y Preocupa

Después de explorar la variedad de manifestaciones y contextos en los que la ansiedad anticipatoria puede surgir, es esencial analizar los mecanismos neurales y psicológicos que alimentan este estado mental. Nuestro cerebro es un órgano increíblemente sofisticado, programado para hacer predicciones constantes sobre el futuro para prepararnos para posibles amenazas u oportunidades. Esta es una de las razones por las que la ansiedad anticipatoria puede tener un efecto tan generalizado en nuestra vida.

El sistema límbico, especialmente la amígdala, juega un papel central en esto. La amígdala es el centro emocional del cerebro y tiene fuertes conexiones con la corteza prefrontal, responsable del pensamiento crítico y del razonamiento. Cuando nos enfrentamos a una situación incierta, la amígdala envía señales de alarma que pueden desencadenar una serie de respuestas fisiológicas, como el aumento de la frecuencia cardíaca o la tensión muscular.

En el ámbito de la ansiedad anticipatoria, el papel de la corteza prefrontal es igualmente crucial. Esta región del cerebro es responsable de la planificación, el razonamiento y el autocontrol. Sin embargo, cuando enfrentamos un evento estresante futuro, la corteza prefrontal puede entrar en una modalidad de "hiperanálisis", examinando cada posible escenario y sus potenciales consecuencias. Este examen detallado puede fácilmente degenerar en un ciclo de pensamientos obsesivos y preocupaciones, alimentando aún más la ansiedad.

Los estudios de neuroimagen han mostrado que durante los episodios de ansiedad anticipatoria, hay un aumento de la actividad en las regiones del cerebro asociadas con la memoria y la atención. Esto sugiere que el cerebro está intentando utilizar información pasada para predecir eventos futuros, pero a menudo esta función se descompone, llevando a la generación de escenarios pesimistas o incluso catastróficos.

Otro aspecto fundamental es el papel de las hormonas, como el cortisol, conocido como "hormona del estrés". Los niveles elevados de cortisol pueden influir negativamente en la función cognitiva y pueden tener efectos a largo plazo en la salud mental si se mantienen durante períodos prolongados. Esta reacción hormonal no solo intensifica la sensación de ansiedad, sino que también puede impedir que nuestro sistema de gestión del estrés funcione correctamente, creando un ciclo adicional de ansiedad y estrés.

Es importante notar que la predisposición a la manifestación de ansiedad anticipatoria puede estar influenciada también por factores genéticos. Algunos estudios han indicado que individuos con ciertas variantes genéticas pueden ser más propensos a la ansiedad y a los trastornos relacionados. Este hallazgo podría tener implicaciones significativas para el tratamiento futuro, incluyendo el desarrollo de terapias farmacológicas dirigidas.

Entonces, mientras la ansiedad anticipatoria puede parecer un laberinto de preocupaciones y síntomas somáticos, es en realidad un fenómeno complejo con fundamentos profundos en la biología de nuestro cerebro. La comprensión de estos mecanismos puede no solo mejorar los métodos de diagnóstico y tratamiento, sino que también puede ofrecer un rayo de esperanza. Reconociendo que nuestro cerebro está programado de cierta manera, podemos comenzar a buscar maneras de 'reprogramarlo', utilizando herramientas como la terapia cognitivo-conductual o la meditación mindfulness, para gestionar mejor la ansiedad anticipatoria y mejorar la calidad de nuestra vida.

Habiendo examinado la biología y la psicología que están detrás de este tipo de ansiedad, será instructivo ver cómo se compara con otros tipos de ansiedad, permitiendo una mayor comprensión de por qué la ansiedad anticipatoria es tan única y escurridiza.

Comparación con Otros Tipos de Ansiedad

A la luz de las profundas raíces biológicas y psicológicas de la ansiedad anticipatoria, es necesario situar este fenómeno en un contexto más amplio. Comparar la ansiedad anticipatoria con otros tipos de ansiedad puede revelar detalles adicionales sobre por qué es una experiencia particularmente debilitante y, al mismo tiempo, puede ofrecer estrategias de tratamiento más eficaces.

Uno de los tipos más comunes de ansiedad es la ansiedad situacional, que emerge en respuesta a estímulos externos específicos como hablar en público o volar en avión. A diferencia de la ansiedad anticipatoria, que puede generar un amplio espectro de preocupaciones futuras no circunscritas, la ansiedad situacional suele estar limitada a un contexto o a una situación bien definida. En este caso, el sistema de alarma del cerebro es activado por un peligro perceptible, y no necesariamente por una amplia lista de "podría suceder" que es típico de la ansiedad anticipatoria.

Otro tipo de ansiedad es la ansiedad generalizada, que es una forma constante y pervasiva de preocupación que no está ligada a una situación específica. Aunque es similar a la ansiedad anticipatoria en su carácter "global", la ansiedad generalizada no siempre está orientada al futuro. En cambio, puede referirse a una variedad de temas y preocupaciones, dificultando que el individuo se concentre o se relaje.

La ansiedad de rendimiento es otro ejemplo útil. Esta forma de ansiedad está relacionada con el miedo a no tener éxito en una actividad o situación particular que requiere alguna forma de desempeño, como un examen o una presentación. A diferencia de la ansiedad anticipatoria, que puede ser más vaga y pervasiva, la ansiedad de rendimiento suele estar altamente enfocada. Sin embargo, es posible que la ansiedad anticipatoria alimente la ansiedad de rendimiento, ya que el miedo al futuro inminente puede crear un ciclo de preocupación que amplifica ambos tipos de ansiedad.

También debe subrayarse el concepto de "ansiedad social", que es el miedo o la aprensión relacionada con la interacción social o la evaluación por parte de los demás. La ansiedad social puede a veces ser una consecuencia o un catalizador de la ansiedad anticipatoria, especialmente cuando la preocupación por eventos futuros involucra situaciones sociales.

Finalmente, la ansiedad relacionada con trastornos específicos como el trastorno de ansiedad por separación o el trastorno de estrés postraumático (TEPT) tiene dinámicas y sintomatologías únicas que la distinguen de la ansiedad anticipatoria, aunque tenga intersecciones significativas en términos de síntomas y mecanismos de afrontamiento.

Comprender las similitudes y diferencias entre la ansiedad anticipatoria y otros tipos de ansiedad no solo enriquece nuestro panorama general de la patología de la ansiedad, sino que también proporciona indicaciones sobre cómo tratamientos efectivos para un tipo de ansiedad podrían adaptarse para otro. Esta observación nos lleva naturalmente a explorar las implicaciones a largo plazo de la ansiedad anticipatoria sobre la salud y el bienestar, incluidos los posibles caminos de tratamiento.

Las Consecuencias de la Ansiedad Anticipatoria en el Bienestar a Largo Plazo

A la luz de las consideraciones sobre los diferentes tipos de ansiedad, se vuelve crucial explorar las potenciales implicaciones de la ansiedad anticipatoria en la calidad de vida y el bienestar a largo plazo. En primer lugar, es importante reconocer que la ansiedad anticipatoria, como cualquier forma de ansiedad, no es un fenómeno aislado; ejerce una serie de efectos en cascada que pueden influir en varios aspectos de la vida del individuo, desde lo emocional y psicológico hasta lo físico y social.

Desde el punto de vista psicológico, la ansiedad anticipatoria puede desembocar en una forma de parálisis decisional. El miedo constante a lo que "podría" suceder obstaculiza la capacidad de tomar decisiones concretas, lo que a su vez puede llevar a la pérdida de oportunidades profesionales, sociales y personales. Este estado de incertidumbre perenne actúa como un freno para el crecimiento personal, obstaculizando la habilidad de desarrollar un sentido de autoeficacia.

La ansiedad anticipatoria también está asociada con la aparición de trastornos como la depresión. La preocupación constante por el futuro puede reducir la capacidad del individuo de disfrutar del

36

presente, un aspecto fundamental para el bienestar psicológico. La visión distorsionada que deriva de la ansiedad anticipatoria puede hacer que los problemas parezcan más grandes de lo que realmente son, llevando a una espiral de pensamientos negativos que pueden desencadenar síntomas depresivos.

Desde el punto de vista físico, la ansiedad anticipatoria puede manifestarse a través de síntomas como el insomnio, problemas gastrointestinales y trastornos cardiovasculares. La adrenalina y el cortisol, hormonas del estrés liberadas durante estados ansiosos, pueden tener efectos perjudiciales en el cuerpo si están presentes durante largos períodos. Estos efectos físicos, a su vez, pueden agravar aún más los síntomas psicológicos, creando un ciclo vicioso difícil de interrumpir.

Desde el punto de vista social, la ansiedad anticipatoria puede limitar las interacciones sociales y, en consecuencia, la red de apoyo de un individuo. El miedo a las consecuencias negativas puede hacer que sea difícil para las personas establecer nuevas relaciones o mantener las existentes, contribuyendo a un sentido de aislamiento y soledad. Al mismo tiempo, podría convertirse en una fuente de tensión en las relaciones preexistentes, ya que los demás podrían encontrarse teniendo que manejar las constantes preocupaciones y temores del individuo ansioso, poniendo a prueba la paciencia y la comprensión mutua.

Estas consecuencias, vistas en su conjunto, nos llevan a abordar la cuestión de los caminos de tratamiento. Como hemos visto, la ansiedad anticipatoria no es un fenómeno que deba tomarse a la ligera. Sus raíces biológicas y psicológicas, así como sus manifestaciones e implicaciones a largo plazo, representan un desafío complejo que requiere un enfoque holístico. Su impacto profundo en varios aspectos de la vida individual hace imperativo un examen detallado de las opciones terapéuticas, para poder abordar no solo los síntomas sino también las causas subyacentes, ofreciendo así un camino hacia un futuro más sereno y una calidad de vida mejorada.

CAPÍTULO IV

<u>LA CIENCIA DEL MINDFULNESS</u>

Análisis Científico de los Beneficios del Mindfulness

En la agitada prisa de la vida moderna, la ciencia del mindfulness emerge como una brújula de calma, un faro que guía a través de la oscuridad de la sobrecarga sensorial y del constante ruido mental. Lo que antes estaba relegado a los márgenes como práctica "alternativa" ahora ha ganado terreno científico, revelando una gama extraordinariamente amplia de beneficios que van desde la mejora de la salud mental hasta la optimización del rendimiento cognitivo y físico.

Los estudios de neuroimagen han abierto nuevos mundos de comprensión. Uno de los hallazgos más fascinantes es que la práctica regular del mindfulness puede efectivamente cambiar la estructura del cerebro. Las regiones asociadas con la atención, la memoria y las funciones ejecutivas muestran un aumento en la densidad de materia gris. Pero no es todo; las áreas responsables de la regulación del estrés y las emociones, como la amígdala, sufren un "encogimiento", disminuyendo la reactividad a estímulos estresantes. Se trata de modificaciones neuroplásticas que reflejan una mejora de la salud mental a nivel celular.

El mindfulness también ha mostrado eficacia en la reducción de los síntomas de trastornos psicológicos como la depresión, la ansiedad y el TEPT. Y mientras estas condiciones a menudo requieren tratamiento farmacológico y psicoterapéutico, las técnicas de mindfulness se han convertido en un complemento valioso en el marco terapéutico, a menudo aumentando la eficacia del tratamiento tradicional. Por ejemplo, la Terapia Cognitivo-Conductual Basada en el Mindfulness (MBCT) se ha

39

desarrollado específicamente para prevenir la recaída en la depresión y ha mostrado resultados muy prometedores.

En el contexto físico, las investigaciones han revelado que el mindfulness puede tener un impacto considerable en el manejo del dolor. En algunos estudios, los pacientes con dolor crónico que adoptaron prácticas de mindfulness reportaron una reducción significativa de sus síntomas, mejorando así su calidad de vida. También se ha demostrado que el mindfulness reduce los niveles de cortisol, la hormona del estrés, lo que puede tener efectos beneficiosos en una serie de condiciones físicas como la presión alta, los trastornos del sueño e incluso algunas enfermedades autoinmunes.

¿Y qué hay de las implicaciones del mindfulness en el rendimiento profesional y académico? Numerosos estudios han demostrado una mejora en las habilidades de concentración, memoria y resolución de problemas. Algunas investigaciones incluso han explorado el efecto del mindfulness en los deportistas, descubriendo que aquellos que practican regularmente técnicas de mindfulness muestran un mejor rendimiento y una mayor resistencia al estrés psicológico durante las competiciones.

Pero quizás el aporte más significativo del mindfulness es su capacidad para aumentar la autoconciencia. Vivimos en una era caracterizada por distracciones incesantes. Este estado de "piloto automático", en el que muchos de nosotros vivimos, impide la conexión con el momento presente y, en consecuencia, con nosotros mismos. El mindfulness nos devuelve a la raíz del ser, permitiéndonos vivir con mayor autenticidad y aceptación de lo que es.

Así, un campo que una vez estuvo exclusivamente dominado por monjes y ascetas, ahora se democratiza a través del objetivo de la ciencia. Ya no es solo una práctica para los buscadores espirituales, sino una herramienta universal de bienestar. Y con esta base científica, estamos listos para explorar cómo el mindfulness puede actuar específicamente como una contramedida al hábito de "pensar demasiado".

La Importancia del Mindfulness en el Contexto del 'Pensar Demasiado'

La espiral incesante del "pensar demasiado" es una trampa en la que muchos de nosotros caemos. Ya sea reflexionando obsesivamente sobre el pasado o preocupándonos por el futuro, esta tendencia puede ser exasperante e incluso debilitante. Su relación con el mindfulness es, por lo tanto, crucial, especialmente a la luz de los beneficios científicamente validados que hemos examinado. De hecho, la práctica del mindfulness es como un antídoto al hábito de "pensar demasiado", que puede tener un impacto significativo en varias esferas de nuestra vida.

Uno de los aspectos centrales del overthinking es la identificación con nuestros pensamientos. Nos sumergimos tanto en nuestras reflexiones que nos perdemos en ellas, confundiendo el pensamiento con la realidad. El mindfulness interviene aquí, enseñándonos a ver los pensamientos como eventos transitorios que pasan a través de nuestra mente. Nos ayuda a dar un paso atrás, a convertirnos en observadores en lugar de participantes activos en este flujo incesante de pensamientos.

Pero va más allá del simple acto de observar; la práctica del mindfulness nos anima a hacerlo sin juicio. El pensamiento obsesivo es a menudo auto-punitivo; nos juzgamos por errores pasados o tememos juicios futuros. Estar "sin juicio" significa acoger cada pensamiento con una actitud de aceptación y amabilidad, una cualidad que puede desactivar la carga emocional asociada a ciertos pensamientos y romper el ciclo del "pensar demasiado".

Una serie de estudios ha demostrado que el mindfulness puede efectivamente reducir los síntomas de los trastornos relacionados con la ansiedad y el pensamiento obsesivo. Un trabajo publicado en el "Journal of Cognitive Enhancement" destacó que el mindfulness podría reducir no solo la frecuencia sino también la intensidad de los pensamientos intrusivos. Además, parece que puede aumentar nuestra resiliencia emocional, mejorando nuestra capacidad de recuperarnos de episodios de estrés o alteración emocional, haciendo menos probable que surjan pensamientos obsesivos como reacción a tales estímulos.

Es interesante notar que el mindfulness no solo reduce el "pensar demasiado", sino que también parece facilitar una forma más "constructiva" de reflexión. En lugar de reflexionar sobre escenarios catastróficos, aquellos que practican el mindfulness tienden a adoptar un enfoque más equilibrado y racional a los problemas. Esto puede ser particularmente útil en el contexto laboral, donde la capacidad de tomar decisiones ponderadas es a menudo fundamental para el éxito.

Es importante subrayar que, si bien el mindfulness es una herramienta poderosa para combatir el "pensar demasiado", no puede considerarse una solución rápida o un sustituto para una intervención clínica calificada, si es necesario. Más bien, debe verse como parte de un enfoque más amplio para el bienestar mental y físico. Además, para aquellos que pueden encontrar difícil adoptar prácticas de mindfulness debido a prejuicios culturales o barreras personales, existen otras formas de meditación y técnicas de relajación. Después de haber examinado la ciencia que sustenta los beneficios del mindfulness,

42

es hora de explorar cómo se relaciona con otras prácticas meditativas y espirituales, añadiendo más capas de comprensión a este campo en constante expansión.

Relación entre Mindfulness y Otras Prácticas Meditativas

Mientras exploramos más a fondo el panorama del mindfulness, es inevitable cruzarnos en nuestro camino con otras prácticas meditativas y espirituales que existen desde hace milenios. Estas prácticas, a menudo arraigadas en tradiciones espirituales como el Budismo, el Hinduismo y el Taoísmo, ofrecen una gama diversificada de herramientas y técnicas para mejorar el bienestar mental y físico. Sin embargo, a pesar de estas similitudes aparentes, es fundamental distinguir entre el mindfulness y otras formas de meditación. Esto no solo para evitar confusiones, sino también para valorar el aporte único que cada práctica puede ofrecer en el contexto del bienestar humano.

Comencemos con una comparación básica: mientras que el mindfulness se enfoca en la atención consciente al momento presente, otras prácticas meditativas pueden centrarse en elementos diferentes como la visualización, la repetición de mantras o la conexión con una dimensión espiritual más elevada. Por ejemplo, la meditación trascendental utiliza la repetición de un mantra para ayudar a la mente a trascender el nivel superficial de los pensamientos y alcanzar un estado de conciencia pura. Por el contrario, la meditación Vipassana, estrechamente relacionada con el mindfulness, implica la observación detallada de las sensaciones físicas y el flujo y reflujo de los pensamientos.

La diferenciación se vuelve aún más significativa cuando consideramos los objetivos de las diversas prácticas. Algunas formas de meditación, como la concentrativa, buscan enfocar la mente en un solo punto para alcanzar estados alterados de conciencia. El mindfulness, en cambio, no pretende cambiar o manipular el estado mental, sino comprenderlo y aceptarlo tal como es. Este aspecto no juicioso es una característica que lo distingue claramente de otras prácticas que buscan alcanzar una especie de "elevación" espiritual o mental.

Lo que todas estas prácticas tienen en común es el objetivo de mejorar el bienestar psicofísico, pero la forma en que lo hacen es diferente. Por ejemplo, algunas prácticas meditativas pueden ser más efectivas para mejorar la concentración y el enfoque, mientras que otras pueden ser más útiles para promover la relajación o la autocompasión. De esta variedad de objetivos y técnicas surge la importancia de una práctica personalizada. No hay un enfoque "talla única", y la elección de la práctica más adecuada puede depender de varios factores, incluidos las preferencias personales, las necesidades específicas y el contexto cultural.

Y luego está el factor de la cientificidad. El mindfulness ha ganado terreno en la comunidad científica por su eficacia empíricamente demostrada en varios contextos, desde la reducción del estrés hasta el manejo del dolor crónico. Muchas otras formas de meditación, aunque antiguas y respetadas, no han recibido el mismo grado de escrutinio científico. Esto, sin embargo, no disminuye su valor; más bien, indica áreas en las que la investigación podría expandirse aún más.

Para concluir, es importante subrayar que, aunque el mindfulness tiene peculiaridades que lo hacen único, también puede verse como un componente de un abanico más amplio de prácticas orientadas al bienestar. Las diferencias no deben llevar a una segregación, sino a una comprensión más completa e integrada. Y es precisamente esta sinergia entre diferentes prácticas meditativas el tema de nuestro próximo punto, examinando casos específicos que muestran cómo el mindfulness, en combinación con otras prácticas, puede aportar beneficios significativos en varios frentes.

Casos de Estudio que Demuestran la Eficacia del Mindfulness

Desde el contexto más amplio de las diversas formas de meditación, la conversación ahora se restringe a los casos específicos que destacan la eficacia del mindfulness. Estos casos de estudio proporcionan una visión profunda de cómo funciona el mindfulness en situaciones reales, con resultados medibles que van más allá de los testimonios personales anecdóticos.

En el ámbito clínico, el mindfulness ha mostrado efectos positivos en varios estudios controlados aleatorizados. Por ejemplo, un proyecto de investigación investigó los efectos del mindfulness en la calidad de vida de pacientes con cáncer. Después de seguir un programa de reducción del estrés basado en el mindfulness (MBSR), los participantes informaron una disminución significativa de la ansiedad y la depresión, una mejora en la calidad del sueño y una mayor capacidad para manejar el dolor. Y lo que es aún más interesante es que estos beneficios se mantuvieron a largo plazo.

En el ámbito educativo, otro caso de estudio examinó el impacto del mindfulness en estudiantes de escuelas primarias. Las escuelas que incorporaron programas de mindfulness en sus planes de estudio observaron mejoras en el comportamiento de los estudiantes, en las habilidades de atención y en los puntajes de las pruebas académicas. No solo los estudiantes, sino también los maestros se beneficiaron, mostrando signos de menor estrés y mayor bienestar emocional.

Un tercer caso se centra en el mundo empresarial. Aquí, el mindfulness se ha integrado en programas de formación para directivos y líderes, con resultados notables en términos de productividad, creatividad y manejo del estrés. Los empleados que participaron en cursos de mindfulness mostraron una mayor resiliencia frente a los desafíos laborales y una mejora en las relaciones interpersonales. Estos resultados no solo mejoran la calidad de vida en el lugar de trabajo, sino que también tienen un impacto económico tangible, reduciendo los costos relacionados con el estrés y el ausentismo.

Pero, ¿qué decir de los casos en los que el mindfulness se ha utilizado en contextos más sensibles, como en las cárceles o en programas de recuperación de adicciones?

Aquí también, la literatura ofrece ejemplos convincentes. En varias cárceles donde se introdujo un programa de mindfulness, las tasas de reincidencia disminuyeron significativamente, y los reclusos mostraron signos de mejora en términos de autorregulación y bienestar psicológico.

Estos casos de estudio iluminan no solo la eficacia del mindfulness en las diversas esferas de la vida, sino también la flexibilidad de la práctica. Desde la sala de espera del hospital hasta el aula, desde la oficina hasta la prisión, el mindfulness ha mostrado su capacidad para adaptarse y proporcionar beneficios tangibles.

Sin embargo, a pesar de estos éxitos, no todos encuentran fácil acoger el mindfulness en su vida diaria. Algunos encuentran barreras que pueden parecer insuperables, desde prejuicios culturales hasta desafíos personales como la incapacidad de encontrar el "tiempo" para practicarlo. Dicho esto, debemos examinar tales barreras comunes y proponer estrategias efectivas para superarlas, para que más personas puedan experimentar los beneficios transformadores del mindfulness.

Barreras Comunes para la Adopción del Mindfulness y Cómo Superarlas

Hemos explorado el espectacular alcance de los beneficios del mindfulness, demostrado a través de casos de estudio clínicos, educativos y empresariales, entre otros. Sin embargo, mientras los beneficios parecen abundar, el mindfulness no es un camino fácil para todos. Existen numerosas barreras que pueden obstaculizar la práctica regular del mindfulness. Comprender estas barreras no es solo un paso hacia la superación personal, sino que también abre la puerta a la empatía por otros que podrían luchar con sus propios desafíos.

Una de las barreras más comunes para la adopción del mindfulness es el mito de la falta de tiempo. Vivimos en un mundo hiperconectado y frenético, donde cada momento parece ocupado por alguna forma de 'productividad' o entretenimiento. En este contexto, encontrar siquiera diez minutos al día para la meditación puede parecer una empresa imposible. Sin embargo, el problema podría no ser tanto la falta de tiempo, sino más bien cómo percibimos y valoramos ese tiempo. Es crucial reconocer que el tiempo dedicado al mindfulness no es 'perdido', sino invertido en bienestar a largo plazo.

Otra barrera común es la falta de comprensión o conocimiento sobre qué es realmente el mindfulness. Algunos lo ven como una práctica esotérica, encuadrada por preconceptos culturales o religiosos. En realidad, el mindfulness es una práctica laica y científicamente validada que no requiere creencias o afiliaciones particulares. Educarse a uno mismo y a los demás sobre qué es realmente el mindfulness y cómo funciona puede ser un poderoso antídoto contra la ignorancia y el prejuicio.

La falta de apoyo social puede representar un obstáculo significativo. Sin un sistema de apoyo, ya sea virtual o físico, puede ser difícil mantener una práctica regular. Aquí, los grupos de práctica, foros en línea y aplicaciones de mindfulness pueden fungir como una red de seguridad, proporcionando tanto un sentido de comunidad como herramientas prácticas para mantener la coherencia.

Las dificultades emocionales representan otro desafío. Para algunos, sentarse en silencio con sus propios pensamientos puede ser una perspectiva intimidante, si no angustiante. Sin embargo, es precisamente en estos momentos de incomodidad donde el mindfulness puede ser más transformador. Tratamientos como la terapia cognitivo-conductual basada en el mindfulness (MBCT) están diseñados para ayudar a las personas a navegar por estas aguas turbulentas, ofreciendo herramientas para enfrentar emociones y pensamientos difíciles.

Finalmente, ¿cómo abordar el problema del 'rendimiento' en la práctica del mindfulness? Los seres humanos están orientados hacia objetivos y resultados, y esto puede infiltrarse incluso en la práctica del mindfulness, creando estrés y expectativas poco realistas. Aquí, es fundamental recordar que el mindfulness no es una competencia ni un rendimiento; es un proceso de descubrimiento y aceptación de uno mismo.

Es por eso que el próximo capítulo abordará cómo integrar efectivamente el mindfulness en la vida cotidiana.

Después de identificar y abordar estas barreras comunes, ¿cómo podemos, entonces, aplicar el mindfulness de manera práctica y sostenible?

Mantente atento para explorar estrategias y sugerencias que te ayudarán a hacer del mindfulness una parte integral de tu vida, independientemente de los desafíos que puedas encontrar.

CAPÍTULO V

<u>MEDITACIÓN Y ENFOQUE MENTAL</u>

Introducción a la Meditación y sus Diferentes Tipos

Hablar de meditación equivale a entrar en un territorio vasto y diferenciado, como un gran jardín con diferentes zonas climáticas y vegetaciones. Lejos de ser un concepto monolítico, la meditación es más un ecosistema de prácticas y filosofías que se adaptan a las necesidades individuales y contextuales. Su flexibilidad es tanto su fuerza como el motivo por el cual puede a veces parecer intimidante o inasible para los novatos.

Para enmarcar este universo de posibilidades, es importante partir de una premisa fundamental: la meditación no es una fuga de la realidad o un intento de anular pensamientos y emociones. Más bien, nos invita a aumentar nuestra conciencia y a interactuar con nuestros pensamientos y sensaciones de una manera más constructiva. En este sentido, la meditación es una herramienta para vivir una vida más atenta y significativa, ya sea que la utilicemos como parte de una práctica espiritual o que la veamos como un método para mejorar la salud mental y física.

Por ejemplo, la meditación de conciencia plena, o mindfulness, ha ganado resonancia tanto en el campo de la psicología como en las filosofías espirituales. El mindfulness nos lleva a explorar el arte del "aquí y ahora", ayudándonos a dirigir una atención compasiva a nuestros pensamientos, emociones y al entorno que nos rodea. En lugar de combatir la mente, como a menudo nos sentimos inclinados a hacer, el mindfulness nos anima a aceptarla y observarla sin juicio. Esta apertura mental puede ser un verdadero bálsamo, especialmente para quienes luchan con pensamientos obsesivos o estados de ánimo particularmente turbulentos.

Si el mindfulness es la representación de la aceptación, la Meditación Trascendental representa el poder de la superación. Utilizando un mantra, o una palabra de enfoque, esta forma de meditación nos guía más allá de la tormenta constante de pensamientos y preocupaciones, llevándonos a un estado de conciencia más calmo y profundo. Esto demuestra que la meditación no se trata necesariamente de vaciar la mente, sino más bien de desplazar la atención más allá de los pensamientos que nos distraen o nos afligen.

En contraste con estos enfoques más "mentales" de la meditación, prácticas como la meditación Zen y el Qigong integran elementos de fisicalidad. El Zen, con su énfasis en la postura y la respiración, nos sumerge en una profunda conciencia del momento presente. El Qigong, en cambio, combina esta conciencia con movimientos físicos y técnicas de respiración para equilibrar la energía vital que fluye a través del cuerpo.

Así, mientras nos acercamos a las discusiones más detalladas sobre el papel de la meditación en el control de la mente obsesiva y a los estudios científicos que delinean sus beneficios, es importante tener en mente esta variedad de formas y enfoques. La meditación es un viaje más que un destino, y el camino que elegimos puede ser diferente al de cualquier otra persona. Cada recorrido ofrece una manera única de acceder a una mayor comprensión de nosotros mismos y del mundo que nos rodea, y como veremos, cada uno tiene algo valioso que ofrecer.

La Eficacia de la Meditación en el Control de la Mente Obsesiva

Hemos entrado en el corazón del jardín de la meditación, explorando sus diferentes zonas y los diversos métodos que nos permiten redescubrirnos a nosotros mismos y al mundo que nos rodea. Pero, ¿qué sucede cuando el mundo interior se convierte en un laberinto de pensamientos obsesivos, una especie de prisión mental de la que parece imposible escapar? Es aquí donde la meditación revela su poder no solo como un medio para encontrar la tranquilidad, sino también como una herramienta terapéutica para reestructurar la mente obsesiva.

Imaginemos un escenario: estás en la oficina y tu jefe te asigna un nuevo proyecto. Mientras te explica los detalles, una preocupación comienza a crecer dentro de ti.

¿Qué pasaría si fracasas?

¿Y si tus colegas te juzgan como inadecuado?

Cuanto más piensas en estos escenarios, más se vuelven obsesivos, aumentando tu estado de ansiedad. En una situación así, la meditación puede actuar como un 'puerto seguro', un lugar donde recalibrar tu mente.

La meditación Mindfulness, por ejemplo, te invita a observar estos pensamientos sin juicio. En lugar de indulgir en el ciclo obsesivo, la práctica te anima a notar tu ansiedad como si fuera un objeto externo a ti. "Ah, ahí está la ansiedad", podrías decirte a ti mismo. Este pequeño acto de desapego te permite ver tus pensamientos como fenómenos transitorios, no como verdades absolutas. Este tipo de 'observación desapegada' puede interrumpir el ciclo de pensamientos obsesivos, ofreciéndote un momento de pausa y la posibilidad de elegir una respuesta más saludable a la situación.

La Meditación Trascendental también ha demostrado ser eficaz en el tratamiento de la mente obsesiva. Mientras que el Mindfulness te enseña a notar y aceptar tus pensamientos, la Meditación Trascendental te lleva a un estado de conciencia más allá de lo mental. Utilizando un mantra como punto focal, esta práctica te permite trascender tu diálogo interior y alcanzar un estado de conciencia más profundo. Una vez que regresas a ti mismo, podrías descubrir que los pensamientos obsesivos han perdido su carga emocional, como si tu período de meditación hubiera actuado como un "reinicio" para tu mente.

Otra herramienta útil para enfrentar la mente obsesiva es la meditación metta o "meditación de la bondad amorosa". Esta práctica te guía a través de una serie de afirmaciones positivas dirigidas primero a ti mismo y luego a los demás. El objetivo es cultivar un sentido de compasión y amor incondicional. Con el tiempo, esta práctica puede cambiar la forma en que interactúas con tus pensamientos obsesivos, permitiéndote responder con amabilidad en lugar de con juicio o ira.

Combinando estas diferentes formas de meditación, puedes construir un repertorio de técnicas personalizadas para enfrentar y reducir los pensamientos obsesivos. La ciencia comienza a acompañar estas antiguas prácticas con pruebas concretas. Cada método tiene un valor intrínseco y un potencial terapéutico, pero es su aplicación combinada la que puede proporcionar una solución holística a la mente obsesiva. De este modo, la meditación se convierte no solo en una práctica de bienestar general, sino en un ancla que te mantiene firme cuando las aguas mentales se vuelven tormentosas.

Teorías Científicas que Explican los Beneficios de la Meditación

Mientras hemos explorado cómo la meditación puede actuar como un ancla en aguas mentales tormentosas, podrías aún estar curioso por saber qué dice la ciencia sobre la eficacia de la meditación. Algunos podrían considerar la meditación un arte más que una ciencia, pero la verdad es que el interés científico en el campo de la meditación ha crecido exponencialmente en los últimos años. Los estudios no solo confirman lo que los practicantes han sostenido durante siglos, sino que también ofrecen una iluminación sobre cómo exactamente la meditación cambia nuestra biología, nuestro cerebro y, en última instancia, nuestra vida.

Comencemos con el concepto de neuroplasticidad, la capacidad del cerebro para reestructurarse en respuesta al entorno y las experiencias. Se ha demostrado que la meditación influye positivamente en la neuroplasticidad, contribuyendo a una mejor regulación emocional y al aumento de las áreas del cerebro asociadas con la memoria y el aprendizaje. Un estudio realizado utilizando la resonancia magnética funcional mostró que solo ocho semanas de práctica de meditación Mindfulness pueden aumentar la densidad de la materia gris en las regiones cerebrales asociadas con la autoconciencia y la compasión, mientras disminuye la materia gris en las áreas asociadas con la ansiedad y el estrés.

La meditación también tiene un impacto directo en el sistema endocrino, que regula las hormonas en el cuerpo. Cuando estamos estresados, el cuerpo produce una hormona llamada cortisol. Niveles elevados de cortisol pueden llevar a una serie de problemas de salud como hipertensión, aumento de peso e insuficiencia cardíaca. La práctica de la meditación ha sido vinculada a la reducción de los niveles de cortisol, ofreciendo una vía directa para controlar y reducir el estrés.

Luego está el efecto de la meditación en el sistema inmunológico. La investigación ha demostrado que prácticas meditativas como la "Meditación de Escaneo Corporal", que involucra la concentración profunda en diferentes partes del cuerpo, pueden efectivamente aumentar la producción de anticuerpos, haciendo al cuerpo más resistente a las enfermedades. De igual manera, los estudios han mostrado que la meditación puede mejorar la calidad del sueño, un factor crítico para un sistema inmunológico robusto.

Un aspecto particularmente fascinante es cómo la meditación puede influir en los genes. Los estudios sobre el llamado "efecto de recambio de los telómeros" muestran que la meditación podría incluso ralentizar el proceso de envejecimiento a nivel celular. Los telómeros son las extremidades de los cromosomas que se acortan a medida que envejecemos. La meditación ha sido asociada con el aumento de la actividad de la telomerasa, una enzima que ayuda a mantener la longitud de los telómeros.

Estos descubrimientos científicos no solo dan legitimidad a la práctica de la meditación, sino que también enriquecen nuestra comprensión de cómo las antiguas tradiciones pueden integrarse en el paradigma moderno del bienestar. Con este bagaje científico, estamos mejor equipados para evaluar casos de estudio e investigaciones significativas que confirman aún más la eficacia de la meditación. Así, armados tanto con conocimiento práctico como teórico, podemos enfrentar los diferentes obstáculos que podrían surgir en nuestro camino meditativo, conscientes de las sólidas bases científicas que subyacen a nuestra práctica.

Casos de Estudio e Investigaciones Significativas

Después de haber examinado el arsenal de datos científicos que avala la práctica de la meditación, es útil ver cómo estos conceptos teóricos se manifiestan en la vida real. El valor de los casos de estudio y las investigaciones significativas es inestimable para proporcionar un contexto práctico a lo que de otro modo podría permanecer en el reino de la abstracción.

Uno de los casos de estudio más célebres se refiere a los estudiantes universitarios sometidos a altos niveles de estrés durante los períodos de exámenes. Un grupo practicó la meditación Mindfulness durante veinte minutos al día durante ocho semanas, mientras que un grupo de control no realizó ninguna práctica meditativa. Los estudiantes que meditaron informaron no solo niveles de estrés significativamente más bajos, sino también una mejora en las capacidades cognitivas, incluida la memoria a corto plazo. Este caso de estudio no solo corrobora las investigaciones científicas sobre la neuroplasticidad, sino que también ofrece una vista previa de las posibles aplicaciones de la meditación en entornos educativos y profesionales.

Otro caso digno de mención es el de los pacientes con dolor crónico. La meditación se utilizó como parte de un régimen de tratamiento para reducir el nivel de dolor y mejorar la calidad de vida. Resultados prometedores han surgido de estudios que han combinado la meditación con la terapia cognitivo-conductual, mostrando una mejora duradera y una reducción de la dependencia de medicamentos analgésicos. El valor añadido aquí es el descubrimiento de que la meditación puede ser efectiva no solo como práctica aislada, sino también en combinación con otros métodos terapéuticos.

Sería incompleto hablar de investigaciones sin mencionar el uso de la meditación en las fuerzas armadas. Se han implementado programas especializados de meditación para ayudar a los soldados a lidiar con el estrés y el trauma. Los estudios realizados han demostrado una disminución significativa de los síntomas del trastorno de estrés postraumático (TEPT), una mejor capacidad de regulación emocional y una mejora general de la salud mental.

Además, la meditación también está penetrando en el mundo corporativo. Grandes empresas como Google y Apple han comenzado a implementar programas de meditación para sus empleados. Las investigaciones muestran que la meditación puede mejorar la productividad, la creatividad y reducir los niveles de estrés, contribuyendo a un ambiente de trabajo más armonioso. No es sorprendente, entonces, que estas empresas vean la meditación como una inversión en lugar de un costo.

Estos casos de estudio e investigaciones significativas añaden un nivel adicional de validación y permiten una comprensión más profunda de las formas en que la meditación puede aplicarse en diferentes contextos. Sin embargo, a pesar de los beneficios demostrados y la creciente aceptación de la práctica, aún existen obstáculos que pueden impedir una práctica meditativa constante. Será útil explorar estos obstáculos en nuestro próximo segmento, porque conocer es el primer paso para superarlos.

Obstáculos Comunes para la Práctica Meditativa y Estrategias para Superarlos

Aunque la meditación puede ofrecer una miríada de beneficios documentados, desde la reducción del estrés hasta la mejora de las funciones cognitivas, es necesario reconocer que el camino hacia una práctica meditativa efectiva no siempre es suave. De hecho, existen varios obstáculos que pueden interferir con una práctica meditativa sólida y constante. Estos obstáculos, sin embargo, no deben ser vistos como barreras infranqueables, sino más bien como oportunidades para una mayor conciencia y crecimiento personal.

En primer lugar, está la cuestión del tiempo. Vivimos en una sociedad que está obsesionada con la eficiencia y la productividad, y la idea de "no hacer nada" durante un período de tiempo puede parecer contradictoria. Sin embargo, la meditación no es un "no hacer" en el sentido pasivo del término; es una acción intencional que requiere práctica y dedicación. Algunas personas encuentran útil planificar sesiones de meditación como lo harían con cualquier otro compromiso importante, demostrando que la calidad del tiempo dedicado a meditar puede efectivamente mejorar la calidad del tiempo dedicado a otras actividades.

Otro obstáculo común es la frustración o el aburrimiento. Especialmente para los principiantes, los primeros intentos de meditación pueden a menudo sentirse improductivos o incluso incómodos. Aquí es donde entra en juego la autocompasión. La práctica meditativa es un proceso, no un objetivo a alcanzar. En lugar de concentrarse en el "mal desempeño" durante la meditación, la clave es permanecer comprometido con el proceso, acogiendo cualquier experiencia que surja como una oportunidad para aprender y crecer.

La distracción es otro gran obstáculo, especialmente en una era en la que estamos constantemente bombardeados por información y estímulos. Una estrategia efectiva para combatir esto es crear un entorno favorable para la meditación. Podría ser útil tener un lugar designado para meditar, lejos de distracciones como el teléfono, la televisión u otras personas. Algunos practicantes encuentran útil utilizar auriculares con ruido blanco o sonidos de la naturaleza para ayudar a enfocar la mente.

A veces, los obstáculos pueden ser de naturaleza psicológica. Por ejemplo, puede surgir una resistencia interna a enfrentar ciertas emociones o pensamientos. En este caso, podría ser útil consultar a un terapeuta o un maestro de meditación experimentado. Estos profesionales pueden ofrecer técnicas y herramientas específicas para ayudar a navegar a través de las aguas a veces turbulentas de la mente.

Para abordar estos y otros obstáculos, es indispensable disponer de una serie de estrategias efectivas. La constancia es fundamental; la práctica regular puede ayudar a superar muchos de los obstáculos comunes simplemente haciendo que la meditación sea una parte natural de la rutina diaria. Además, la comunidad puede ser un poderoso catalizador para una práctica sostenible. Participar en grupos de meditación o retiros puede proporcionar no solo estructura, sino también un sentido de responsabilidad colectiva y apoyo.

En resumen, los obstáculos para la práctica meditativa son inevitables pero superables. Con un compromiso constante, el uso de estrategias adecuadas y una actitud de apertura y autocompasión, la meditación puede convertirse en una parte integral del bienestar general. Así, mientras nos preparamos para cerrar este capítulo y pasar a los conceptos siguientes, tengamos en mente que la práctica meditativa es un viaje, no un destino, y que cada obstáculo enfrentado es un paso hacia una mayor conciencia y realización personal.

CAPÍTULO VI

RESPIRACIÓN Y AUTORREGULACIÓN

La Importancia Científica de la Respiración en el Control de las Emociones

La respiración es como un puente secreto, un vínculo casi invisible entre mente y cuerpo, entre lo consciente y lo inconsciente. Aunque se pueda pensar en la respiración como una acción puramente física, existe una abundante cantidad de investigaciones científicas que demuestran su impacto en nuestro estado emocional. Comprender este poder inherente puede abrir nuevas puertas a la regulación de las emociones, a menudo de maneras que las personas encuentran sorprendentes.

Uno de los primeros indicios que vinculan la respiración con la emoción es la forma en que cambia el ritmo respiratorio en respuesta a diferentes estados emocionales. Cuando estás nervioso, la respiración tiende a volverse superficial y rápida; cuando estás relajado, se vuelve más profunda y calmada. Sin embargo, es un error pensar en este fenómeno como unidireccional: no es solo tu estado emocional el que guía tu respiración, sino que tu respiración puede influir activamente en tu estado emocional.

Un estudio de la Universidad de Stanford, por ejemplo, descubrió que algunas células en el tronco encefálico podrían ser responsables de la correlación entre respiración y emoción. Estas células actúan como un interruptor de circuito entre la información proveniente de los receptores sensoriales del sistema respiratorio y las áreas del cerebro que controlan la emoción. Esto sugiere que modificar conscientemente el ritmo respiratorio podría influir directamente en estas áreas cerebrales, ofreciendo un nuevo camino para el control emocional.

Pero la relación entre respiración y emoción se extiende más allá de la fisiología y penetra en el reino de la psicología. La práctica de la "respiración consciente" es un elemento central en el mindfulness. La capacidad de enfocar la atención en la respiración ha demostrado ayudar a las personas a "desconectarse" de los ciclos de pensamiento negativo y ansiedad, facilitando una mejor regulación emocional.

Igualmente importante es el creciente cuerpo de investigaciones que muestra cómo las técnicas de respiración pueden ser utilizadas para tratar trastornos como la ansiedad, la depresión y el TEPT. Por ejemplo, la respiración diafragmática, una técnica que enfatiza respiraciones profundas a través del diafragma en lugar de superficiales a través del pecho, ha sido utilizada eficazmente para reducir los síntomas de ansiedad.

La ciencia también está explorando la idea de que la respiración puede tener efectos a nivel celular. Se ha sugerido que una respiración profunda y rítmica podría mejorar la variabilidad de la frecuencia cardíaca, un indicador de la capacidad del cuerpo para responder al estrés. Otros estudios indican que técnicas de respiración como la "respiración cuadrada" pueden efectivamente reducir los niveles de cortisol, la hormona del estrés, en el cuerpo.

Estos descubrimientos crean una base sólida para la integración de las técnicas de respiración en el marco más amplio del bienestar psicológico. Obviamente, la respiración por sí sola no es una panacea; debe ser utilizada en combinación con otras estrategias para ser verdaderamente eficaz en la regulación de las emociones.

Resumiendo, la respiración es mucho más que un proceso mecánico que nos mantiene vivos; es una poderosa herramienta de autorregulación que tenemos a nuestra disposición en todo momento. Y es aquí donde la respiración se convierte en un compañero ideal para otras técnicas de enfoque mental y regulación emocional que exploraremos más adelante.

Las Conexiones entre Técnicas de Respiración y el Control del 'Pensar Demasiado'

Mientras el ritmo respiratorio ofrece una lente a través de la cual examinar nuestras emociones, también es un medio poderoso para influir en la incesante actividad mental que a menudo nos aflige. Dicho de manera más simple, respirar de la manera correcta puede efectivamente ayudarnos a dejar de "pensar demasiado", un fenómeno que a menudo está relacionado con la ansiedad, la depresión y el estrés. De hecho, esta conexión entre respiración y pensamientos puede parecer casi mágica, pero está arraigada en sólidas bases científicas y psicológicas.

La clave para comprender este vínculo reside en el sistema nervioso autónomo, que regula funciones corporales involuntarias como la frecuencia cardíaca, la digestión y, obviamente, la respiración. Este sistema se divide en dos partes principales: el sistema nervioso simpático, que nos prepara para "luchar o huir", y el sistema nervioso parasimpático, que nos ayuda a "descansar y digerir". Cuando estamos estresados o ansiosos, el sistema simpático está más activo, lo que puede llevar a un ciclo de pensamientos obsesivos. Sin embargo, la respiración controlada puede estimular el sistema nervioso parasimpático, rompiendo este ciclo y permitiendo una mayor tranquilidad mental.

Aquí es donde entran en juego técnicas de respiración como la "Respiración de Fuego" o la "Respiración Profunda". Estas técnicas, que a menudo implican un control deliberado de la duración y profundidad de la respiración, sirven para interrumpir el flujo de pensamientos negativos u obsesivos. En práctica, cuando nos concentramos en algo físico y medible como la respiración, se vuelve más fácil desviar la atención de pensamientos que alimentan la ansiedad o el estrés.

Ni siquiera necesitamos recurrir a ejercicios de respiración extremadamente elaborados para obtener estos beneficios. Incluso algo tan simple como la "respiración abdominal" o la "respiración diafragmática" puede marcar una gran diferencia. Esto es particularmente útil cuando nos encontramos en situaciones estresantes en las que no tenemos la posibilidad de hacer una sesión completa de ejercicios de respiración.

Las investigaciones en psicología cognitiva confirman estos beneficios. Estudios que examinan las variaciones de la actividad cerebral durante el uso de técnicas de respiración muestran una disminución en la actividad de las áreas del cerebro asociadas con el "pensar demasiado", como el precúneo y la corteza prefrontal medial. Al mismo tiempo, se produce un aumento en la actividad de las áreas asociadas con la conciencia y la atención focalizada.

Esto significa que la respiración puede convertirse en un ancla, un punto fijo al que regresar cuando nos sentimos abrumados por la marea de nuestros pensamientos. Y este vínculo no es solo temporal o situacional; con la práctica regular, la respiración puede convertirse en una herramienta cada vez más eficaz en nuestro arsenal para el control de la obsesividad mental y el estrés emocional.

La resonancia de estos descubrimientos es muy amplia. No solo arrojan luz sobre el poder que la respiración tiene para gobernar nuestros pensamientos, sino que también subrayan la importancia de integrar técnicas de respiración en las estrategias más amplias de manejo del estrés y del bienestar emocional. Y este es el corazón del asunto: comprender y utilizar nuestra respiración como un medio para mejorar la calidad de nuestra vida mental.

Datos e Investigaciones que Respaldan el Uso de las Técnicas de Respiración

Después de haber explorado el poder que la respiración tiene para gobernar nuestros pensamientos y emociones, es fundamental investigar qué pruebas científicas respaldan estas afirmaciones. Afortunadamente, la investigación en este campo es extremadamente fecunda y sigue creciendo, demostrando que la práctica de la respiración controlada tiene un fundamento científico sólido, además de tradiciones culturales seculares.

Por ejemplo, estudios en neurociencia han mapeado la actividad cerebral durante la meditación basada en la respiración, mostrando una reducción en la actividad de las áreas del cerebro asociadas con la ansiedad y el estrés. Algunos de estos estudios utilizan la resonancia magnética funcional (fMRI) para examinar el cerebro en tiempo real mientras los sujetos practican diferentes tipos de ejercicios respiratorios. En particular, se ha observado una disminución en la actividad de la llamada "red neuronal por defecto", que está activa cuando la mente divaga y se preocupa.

En el campo clínico, las técnicas de respiración se han utilizado con éxito como parte de la terapia cognitivo-conductual para tratar trastornos como el trastorno de pánico y el trastorno de estrés postraumático (TEPT). En estos contextos, la habilidad de recurrir a la respiración como herramienta de autorregulación ha demostrado ser valiosa para interrumpir el ciclo de pensamientos ansiosos y síntomas fisiológicos, como taquicardia o hiperventilación.

Además de los datos clínicos, la investigación en psicofisiología ofrece otro nivel de comprensión. Mediciones como la variabilidad de la frecuencia cardíaca, que es la variación en el tiempo entre latidos cardíacos sucesivos, han revelado que la respiración controlada puede mejorar la coherencia cardíaca. Esto es relevante porque una mayor coherencia cardíaca se asocia con una mejora en el equilibrio entre el sistema nervioso simpático y parasimpático. En otras palabras, la armonización del corazón y la mente.

También es interesante el campo emergente de la "psiconeuroinmunología", que estudia cómo la mente, el sistema nervioso y el sistema inmunológico interactúan entre sí. Algunas investigaciones sugieren que técnicas de respiración como la "respiración coherente" pueden tener un impacto positivo también en el sistema inmunológico, reduciendo los niveles de marcadores inflamatorios en la sangre.

Así que no solo tenemos datos empíricos que conectan la respiración controlada con mejoras medibles en la función cerebral, sino también con beneficios físicos tangibles. Estos hechos científicamente probados nos permiten ir más allá del anecdotario y el folclore, validando la respiración controlada como una práctica terapéutica legítima con aplicaciones tanto para la mente como para el cuerpo.

Si estos datos e investigaciones científicas nos enseñan algo, es que la respiración no es solo un acto mecánico de intercambio de gases, sino una poderosa palanca para el bienestar físico y mental. La amplia gama de aplicaciones prácticas, desde los contextos clínicos hasta las situaciones de la vida cotidiana, hace que la respiración sea una de las formas más versátiles y accesibles de autorregulación. Con tal cantidad de pruebas de apoyo, se vuelve cada vez más claro que la integración de las técnicas de respiración en nuestra vida diaria no solo es deseable, sino científicamente justificada.

Asertividad y Manejo de Conflictos

La asertividad desempeña un papel crucial en el manejo de conflictos, ya que promueve un enfoque constructivo que favorece el respeto mutuo y la comprensión entre las partes involucradas. Utilizando la asertividad como herramienta de manejo de conflictos, es posible abordar las diferencias de manera equilibrada y encontrar soluciones que satisfagan las necesidades de ambas partes.

Cuando se utiliza la asertividad para manejar los conflictos, es importante comenzar por el reconocimiento de las propias emociones y necesidades. Comprender y comunicar los propios sentimientos e intereses de manera clara y tranquila es esencial para iniciar una discusión constructiva. La asertividad te permite expresar tus puntos de vista sin agresividad ni pasividad, buscando un equilibrio entre la afirmación de tus necesidades y el respeto hacia los demás.

Otro componente clave de la asertividad en el manejo de conflictos es la escucha activa. Mientras expresas tu punto de vista, es igualmente importante prestar atención y respetar la opinión y los sentimientos de la otra persona involucrada. La escucha activa implica hacer preguntas, tratar de comprender el punto de vista del otro y mostrar empatía. Esto contribuye a crear un clima de respeto mutuo y abre la puerta a una comprensión más profunda del conflicto.

Durante el manejo de conflictos de manera asertiva, es útil centrarse en el problema específico en lugar de atacar personalmente a la otra persona. El objetivo es encontrar una solución que satisfaga a ambas partes, por lo que enfocarse en los intereses comunes y en alcanzar un resultado ventajoso para ambos es crucial. La asertividad te ayuda a comunicar tus necesidades y a buscar compromisos sin comprometer tu integridad.

El uso de un lenguaje claro y respetuoso es otro aspecto importante de la asertividad en el manejo de conflictos. Evitar el uso de tonos acusatorios o agresivos y elegir palabras que sean claras pero no ofensivas. Por ejemplo, puedes utilizar frases como "Me siento... cuando... porque..." para expresar tus emociones y las consecuencias de las acciones de la otra persona. El objetivo es comunicar de manera efectiva y constructiva, evitando desencadenar tensiones adicionales o malentendidos.

La búsqueda de soluciones creativas y colaborativas es otra característica de la asertividad en el manejo de conflictos. En lugar de buscar una victoria a toda costa, se trata de encontrar un terreno común y desarrollar opciones que satisfagan a ambas partes. Esto requiere flexibilidad y apertura mental, pero contribuye a promover una relación de confianza y a evitar resentimientos o resoluciones parciales.

Finalmente, es importante recordar que el manejo asertivo de conflictos requiere práctica constante. Aprender a manejar los conflictos de manera asertiva requiere tiempo y experiencia, pero los beneficios son numerosos. La asertividad promueve relaciones más sólidas y auténticas, donde las diferencias se abordan de manera constructiva y los conflictos se convierten en oportunidades para crecer y mejorar la comunicación.

La asertividad es una herramienta poderosa para el manejo de conflictos y, al utilizarla, es posible abordarlos de manera equilibrada, respetando las propias emociones y necesidades, así como las de los demás. El manejo asertivo de conflictos promueve el respeto mutuo, la comprensión y la colaboración, contribuyendo a la construcción de relaciones más saludables y satisfactorias.

Casos de Estudio y Aplicaciones Prácticas

Los casos de estudio y las aplicaciones prácticas nos permiten ver cómo la teoría científica se traduce en una realidad tangible. Existen innumerables ejemplos que subrayan el poder de la respiración controlada en el contexto del mundo real, proporcionando pruebas adicionales que respaldan las evidencias científicas discutidas anteriormente.

Tomemos, por ejemplo, el caso de un gerente de alto nivel en una gran empresa, que experimentaba episodios frecuentes de estrés y ansiedad en el trabajo. Después de haber agotado diversas opciones de tratamiento, recurrió a las técnicas de respiración como parte de un programa de manejo del estrés. Con la incorporación de ejercicios de respiración profunda en su rutina diaria, informó una reducción significativa en los niveles de estrés y una mejora general del bienestar. El cambio no solo fue subjetivo; los datos biométricos mostraron una disminución en la presión arterial y una regulación del ritmo cardíaco.

Otro ejemplo involucra a un grupo de bomberos, individuos en una profesión notoriamente estresante. Se introdujo un programa de respiración controlada como parte de su formación.

¿Resultados? No solo informaron niveles más bajos de estrés durante las operaciones de emergencia, sino que también mostraron mejoras en el rendimiento y la toma de decisiones bajo presión. Y lo más impresionante de todo es que estos beneficios no solo se observaron a corto plazo, sino que tuvieron un impacto duradero, como lo demostraron los seguimientos a largo plazo.

Los beneficios de las técnicas de respiración no están limitados a los adultos o a sectores profesionales específicos. Los estudios han mostrado mejoras significativas en los niveles de ansiedad y en el rendimiento académico entre los estudiantes que adoptaron la respiración controlada como parte de su rutina diaria. Los ejemplos varían desde la mejora de las habilidades matemáticas hasta la capacidad de manejar el estrés relacionado con los exámenes, demostrando que las técnicas de respiración pueden ser herramientas versátiles adecuadas para diversos desafíos de la vida.

Es interesante notar que la tecnología también está desempeñando un papel creciente en la incorporación de técnicas de respiración en nuestra vida diaria. Aplicaciones para teléfonos inteligentes y dispositivos portátiles ahora incorporan funciones de monitoreo de la respiración y guías para ejercicios, facilitando más que nunca que las personas adopten estas prácticas.

De hecho, la digitalización de las técnicas de respiración ha permitido una personalización aún más precisa. Basándose en algoritmos avanzados, estos dispositivos pueden analizar tus hábitos respiratorios y sugerir planes de ejercicio a medida, ofreciendo así un enfoque más orientado para el manejo del estrés y la ansiedad.

Sin embargo, el uso de la tecnología en el contexto de la respiración controlada no está exento de desafíos. La dependencia de los dispositivos tecnológicos puede ser contraproducente si nos distrae de concentrarnos en el momento presente, un elemento clave de la respiración consciente. Y aunque la tecnología puede proporcionar datos detallados y medibles, su eficacia está, en última instancia, determinada por el compromiso personal y la práctica regular.

Ahora, mientras nos acercamos a la parte final de este capítulo, es crucial examinar algunas de las dificultades y desafíos en la implementación de las técnicas de respiración. Porque por muy prometedores que sean estos métodos, también están acompañados de obstáculos que pueden obstaculizar su eficacia. Pero es a través de la comprensión y el abordaje de tales desafíos que podemos aprovechar al máximo estos métodos antiguos, pero cada vez más validados.

Dificultades y Desafíos en la Implementación de Técnicas de Respiración

Con la creciente aceptación de las técnicas de respiración en diferentes ámbitos, desde aulas hasta salas de reuniones y arenas deportivas, surge inevitablemente la cuestión de las dificultades y desafíos en la implementación de estos métodos. Mientras la personalización y la adaptabilidad de las técnicas de respiración son algunas de sus fortalezas, también son fuentes de complejidad. La capacidad de adaptar un régimen de respiración a las necesidades específicas de un individuo o de un grupo requiere una comprensión profunda no solo de la fisiología de la respiración, sino también de la psicología humana.

Uno de los principales desafíos es la resistencia cultural e individual al cambio. A pesar de las pruebas científicas, muchos siguen siendo escépticos sobre la eficacia de las técnicas de respiración, considerándolas como "nueva era" o demasiado esotéricas. Este escepticismo puede provenir de una falta de comprensión o de prejuicios culturales que ven la respiración como una práctica demasiado "suave" para tener un impacto significativo. Superar esta barrera requiere una educación profunda, demostraciones prácticas y, en algunos casos, el apoyo de figuras autoritarias en el campo específico.

Otro obstáculo es la falta de formación especializada. Aunque es cierto que cualquiera puede empezar a practicar técnicas de respiración básicas, para obtener resultados óptimos a menudo es necesario un entrenamiento por parte de profesionales capacitados. La calidad de la formación puede variar considerablemente y puede ser difícil para los novatos discernir qué programas o instructores son verdaderamente competentes. Por eso es fundamental trabajar con expertos calificados, que pueden adaptar las técnicas a las necesidades y contextos específicos.

Las dificultades no se limitan al momento del aprendizaje; persisten también durante la fase de implementación. La falta de disciplina o de regularidad en la práctica puede reducir significativamente la eficacia de las técnicas de respiración. Del mismo modo, el uso indebido de las técnicas puede no solo ser ineficaz, sino también potencialmente perjudicial. Por ejemplo, una respiración demasiado rápida o demasiado superficial puede exacerbar los síntomas de ansiedad en lugar de mitigarlos.

Algunas personas también pueden encontrar dificultades físicas, como problemas respiratorios preexistentes que hacen que algunas técnicas de respiración sean poco practicables o incluso contraproducentes. En estos casos, es indispensable consultar a un médico o a un terapeuta antes de comenzar cualquier programa de respiración.

Finalmente, está la cuestión de la integración de las técnicas de respiración en una rutina diaria ya cargada de compromisos. Encontrar el tiempo para dedicar incluso solo unos minutos al día a la práctica puede parecer una tarea ardua. Sin embargo, es precisamente en este "estar demasiado ocupado" donde la práctica de la respiración encuentra su mayor utilidad. La capacidad de recortar momentos de pausa consciente durante un día frenético puede tener un impacto extraordinario en la calidad de vida y en la productividad.

En resumen, aunque las técnicas de respiración ofrecen una gama increíblemente amplia de beneficios, el camino hacia la implementación efectiva está plagado de desafíos. Estos desafíos, sin embargo, no deberían desanimar, sino más bien servir como puntos de reflexión sobre cómo adaptar y personalizar el enfoque para obtener el máximo beneficio. Y es precisamente en este proceso de adaptación y personalización donde la práctica de la respiración se vuelve verdaderamente transformadora.

CAPÍTULO VII

LA CONSTRUCCIÓN DE UN EQUILIBRIO MENTAL

El concepto de 'Rutina de Bienestar Mental'

En el contexto dinámico y frenético del mundo moderno, el bienestar mental se ha convertido en un concepto clave para el mantenimiento del equilibrio entre cuerpo y mente. Muchas personas subestiman la importancia de una rutina diaria enfocada en el bienestar mental, a menudo relegándola a un segundo plano frente a prioridades más tangibles como el trabajo, las relaciones y los compromisos sociales. Sin embargo, ignorar la importancia de una rutina de bienestar mental es como descuidar un pilar fundamental sobre el cual se basa nuestra calidad de vida en general.

Una rutina de bienestar mental es una serie estructurada de actividades, pensada para reforzar tu salud mental y mejorar tu capacidad para manejar el estrés, las emociones y los pensamientos negativos. No se trata solo de una lista de "cosas por hacer" para ser feliz; es una inversión en tu desarrollo personal y en tu longevidad mental. En el centro de una tal rutina se encuentran técnicas comprobadas que pueden variar desde prácticas meditativas, ejercicios de respiración, hasta estrategias alimentarias y esquemas de sueño optimizados.

Los efectos de una rutina de bienestar mental no se limitan solo a un incremento del estado de ánimo o a una reducción momentánea del estrés. Cuando se aplica con constancia, puede tener efectos a largo plazo, como la promoción de una mayor autoestima, la reducción de los niveles de ansiedad y la disminución del riesgo de depresión y otras enfermedades mentales. La rutina se convierte en una manera de familiarizarse con tu propio yo interior, comprender tus reacciones emocionales y, en última instancia, construir un ambiente interno estable, independientemente del caos externo.

No se puede subrayar lo suficiente la importancia de la coherencia cuando se habla de una rutina de bienestar mental. Coherencia no significa rigidez; al contrario, la rutina debería ser flexible y adaptable a tus necesidades individuales. Sin embargo, lo que es fundamental es el compromiso constante. Asimilar la rutina de bienestar mental en tu vida diaria es un acto de disciplina que paga enormes dividendos. Es un camino que requiere paciencia, práctica y una dedicación al crecimiento personal.

Algunos podrían preguntarse si una tal rutina puede ser adecuada para todos o si es un concepto demasiado abstracto, aplicable solo a quienes ya tienen un cierto grado de estabilidad mental. Es esencial subrayar que el bienestar mental es un derecho fundamental de todos, independientemente del trasfondo o de la condición psicológica. Aunque hay casos en los que es necesario una intervención clínica, la rutina de bienestar mental puede actuar como un poderoso complemento a los tratamientos médicos tradicionales.

Además, en un mundo cada vez más conectado pero paradójicamente aislante, tomarse el tiempo para cultivar la propia salud mental se ha convertido en un acto revolucionario. Una rutina de bienestar mental bien estructurada es una declaración de autonomía personal y de responsabilidad hacia uno mismo.

Comprendiendo y aplicando una sólida rutina de bienestar mental, sentamos las bases para abordar otros aspectos de nuestra vida con mayor eficacia. Exploraremos cómo el ritmo circadiano y el sueño juegan un papel crucial en el mantenimiento de la salud mental, conectando y enriqueciendo aún más el concepto de una rutina de bienestar integral.

La Importancia del Ritmo Circadiano y del Sueño

Si la rutina de bienestar mental es el fundamento sobre el que se construye una mente sana y resiliente, el ritmo circadiano y el sueño son los ladrillos esenciales de este edificio. La investigación ha demostrado que el ritmo circadiano, el reloj biológico interno que regula los ciclos de sueño-vigilia, desempeña un papel determinante en la modulación de las funciones cerebrales, el estado de ánimo y la reactividad emocional.

En un mundo que nos impulsa a estar siempre "encendidos", es fácil descuidar la necesidad biológica de alinear nuestras actividades con la luz del día y las fases de la noche. Este desalineamiento puede tener un impacto devastador en el bienestar mental. No es casualidad que los trastornos del sueño estén fuertemente asociados con problemas como la depresión, la ansiedad y la disminución de la función cognitiva. Cuando el ritmo circadiano se ve alterado, puede desencadenar una cadena de reacciones que comprometen nuestra capacidad para manejar el estrés, tomar decisiones y concentrarnos.

Sintonizarse con el propio ritmo circadiano no es solo una cuestión de dormir suficientes horas, sino también de mantener una coherencia en los horarios de sueño y vigilia. El organismo, de hecho, libera diferentes hormonas dependiendo del momento del día, como el cortisol por la mañana para ayudar a despertarse, y la melatonina por la noche para señalar que es hora de irse a la cama. Respetar estas señales biológicas contribuye a un mejor funcionamiento mental, mejorando así la eficacia de la rutina de bienestar mental previamente discutida.

Los beneficios son tanto tangibles como a largo plazo. Un sueño adecuado y un ritmo circadiano bien regulado pueden mejorar la memoria, la creatividad y la capacidad de aprendizaje, mientras ayudan a mitigar los síntomas de condiciones como el trastorno por déficit de atención con hiperactividad (TDAH) e incluso el declive cognitivo asociado al envejecimiento. En la práctica, la calidad del sueño puede funcionar como un indicador de la calidad de nuestra salud mental.

Con las crecientes presiones de la vida moderna, es fácil caer en la trampa de sacrificar el sueño para cumplir con plazos o compromisos sociales. Este comportamiento no solo es contraproducente, sino que también crea una deuda de sueño que a largo plazo se acumula, exacerbando los problemas de salud mental y dificultando la adaptación a la rutina de bienestar mental. Es un ciclo vicioso que solo puede romperse reconociendo y priorizando la importancia del ritmo circadiano y del sueño.

Por supuesto, es importante notar que existen diversas circunstancias en las que el ritmo circadiano puede verse inevitablemente interrumpido, como los turnos de trabajo nocturnos o los viajes intercontinentales. En estos casos, es esencial adoptar estrategias de adaptación para minimizar el impacto negativo en la salud mental y el bienestar. Métodos como el uso de luz azul para simular la luz del día o la adopción de suplementos de melatonina pueden ser útiles, pero siempre bajo el control de un especialista.

Para entendernos mejor, el ritmo circadiano y el sueño no son solo componentes secundarios en la construcción de una rutina de bienestar mental; son factores cruciales que se integran y potencian los otros aspectos de la rutina. Otro punto importante es el papel de los hábitos alimenticios en el contexto de la salud mental, que exploraremos en el próximo punto, capaz de ofrecer una capa adicional de comprensión sobre cómo cada elemento de la rutina de bienestar mental está interconectado y es fundamental para una vida equilibrada.

Hábitos Alimentarios y Salud Mental

Es difícil separar la mente del cuerpo, ya que están interconectados en un equilibrio delicado que influye en todos los aspectos de nuestra vida. Una de las esferas más sorprendentemente influyentes en este equilibrio es nuestra dieta. De la misma manera que el sueño y el ritmo circadiano tienen efectos profundos en el bienestar mental, los hábitos alimentarios desempeñan un papel esencial en la modulación del estado de ánimo, la concentración y la resistencia al estrés.

A primera vista, puede parecer sorprendente que lo que ponemos en nuestro estómago tenga un impacto en el funcionamiento del cerebro. Sin embargo, un número creciente de investigaciones científicas muestra una correlación significativa entre los alimentos que consumimos y la forma en que pensamos, sentimos y reaccionamos. Por ejemplo, la dieta mediterránea, rica en frutas, verduras, pescado y aceite de oliva, se ha relacionado con una menor incidencia de depresión y trastornos de ansiedad. Por el contrario, una dieta rica en azúcares refinados y grasas saturadas se ha asociado con peores resultados en pruebas de función cognitiva y una mayor predisposición a problemas de salud mental.

Estas interconexiones también son respaldadas por la ciencia de la psico-nutrición, un campo emergente que examina las implicaciones de los nutrientes en la función cerebral. Por ejemplo, los ácidos grasos como los Omega-3 son conocidos por mejorar la plasticidad neural y se han relacionado con reducciones en la depresión y la ansiedad. Otros nutrientes como el triptófano, un precursor de la serotonina - la hormona de la felicidad - también son fundamentales para un equilibrio emocional óptimo.

Así como en el caso del ritmo circadiano, la coherencia es vital. Saltarse las comidas o seguir dietas extremas puede tener efectos perjudiciales en la salud mental, a menudo causando cambios de humor y comprometiendo la capacidad de concentración. La nutrición, por lo tanto, no es solo una cuestión de calorías, sino de equilibrio y sincronización, un nivel adicional de complejidad que integra la rutina de bienestar mental general.

El enfoque hacia la dieta como parte de una rutina de bienestar mental no implica la necesidad de seguir un plan alimentario rígido o eliminar todos los alimentos "divertidos". Más bien, se trata de ser conscientes de que cada elección alimentaria es también una elección para el bienestar mental. Mantener esto en mente puede ayudar en la planificación de las comidas y en hacer que las elecciones alimentarias sean una parte integral, en lugar de un obstáculo, en el camino hacia la salud mental.

Naturalmente, las variaciones individuales y las necesidades específicas requieren una personalización del régimen alimentario, y podría ser útil consultar a un profesional de la salud para desarrollar un plan personalizado. Además, es importante tener en cuenta que, si bien la dieta puede desempeñar un papel significativo en la modulación de la salud mental, no es un sustituto de otros tipos de intervenciones, como la terapia o los medicamentos, en casos graves de trastornos mentales.

Ahora, mientras avanzamos hacia el próximo punto sobre las estrategias para enfrentar los imprevistos y los momentos de crisis, es útil notar cómo los buenos hábitos alimentarios pueden proporcionar una base sólida que facilite la gestión de tales situaciones. Las crisis no ocurren en un vacío; son desafíos que encontramos en el camino hacia el bienestar mental, y tener una dieta equilibrada puede proporcionar las herramientas necesarias para enfrentarlas con resiliencia.

Estrategias para Enfrentar lo Inesperado y los Momentos de Crisis

A pesar de nuestras mejores intenciones de mantener una rutina de bienestar mental, la vida tiene una manera de introducir variables inesperadas. En un instante, un evento imprevisto puede sacudir nuestro equilibrio, poniendo a prueba nuestra resiliencia. Aquí es donde la importancia de tener estrategias robustas para enfrentar lo inesperado y los momentos de crisis entra en juego.

Primero, es fundamental reconocer que la inestabilidad es una componente inevitable de la experiencia humana. La preparación para enfrentar esos momentos comienza con la aceptación de esta realidad. Aceptar no significa resignarse; más bien, significa poseer la flexibilidad mental para adaptarse a circunstancias en constante evolución.

En la preparación para la gestión de crisis, la prevención es tan significativa como la reacción. Si ya hemos establecido una base sólida de bienestar mental - como buenos hábitos alimentarios, un ritmo circadiano bien regulado y una rutina de ejercicios - estamos mejor equipados para enfrentar los obstáculos inesperados. Estos elementos forman una armadura psicológica que puede atenuar el impacto de los eventos estresantes, permitiéndonos afrontarlos con una mayor estabilidad emocional.

Una de las herramientas más eficaces en el kit de herramientas de la resiliencia es la capacidad de "desapego emocional". Esto no significa ignorar o suprimir las emociones, sino más bien observarlas desde una perspectiva externa. Técnicas como la meditación de conciencia plena pueden ayudar a cultivar esta capacidad, proporcionando la distancia emocional necesaria para evaluar una situación con claridad, sin ser abrumado por la ansiedad o el miedo.

Además, la formulación de un "plan B" para los aspectos clave de la vida puede ofrecer una notable sensación de seguridad. Un plan de reserva financiera, una red de apoyo social o una opción de carrera alternativa pueden actuar como paracaídas psicológico. Saber que hay un plan de contingencia puede atenuar el peso emocional de los imprevistos, liberando recursos cognitivos para encontrar soluciones creativas a los problemas emergentes.

El acto de escribir también puede servir como un eficaz mecanismo de afrontamiento. Poner los pensamientos en papel o en un documento digital puede organizar el caos interno, haciendo que los desafíos sean más manejables. Este ejercicio también puede proporcionar nuevas ideas sobre cómo enfrentar las dificultades, ya que el proceso de escritura puede a menudo conducir a intuiciones que podrían no surgir en un contexto más caótico.

Mientras que la capacidad de autorregulación es fundamental, nadie es una isla. Aquí nos acercamos a nuestro próximo punto sobre el papel del apoyo social y las relaciones. En momentos de crisis, la presencia y el apoyo de los demás pueden tener un efecto amplificado. Ya sea amigos, familiares o profesionales de la salud mental, tener una red en la cual confiar introduce un nivel adicional de seguridad y estabilidad. La simple consciencia de que hay personas dispuestas a ayudar puede ser un potente antiestrés, proporcionando el valor y la fuerza necesarios para navegar a través de tiempos inciertos.

Y así, mientras nos comprometemos a construir un equilibrio mental sano, recordemos que el camino no es lineal. Los obstáculos son inevitables, pero nuestra reacción a ellos define la calidad de nuestro bienestar mental a largo plazo. Cultivando la resiliencia y armándonos con estrategias efectivas, podemos enfrentar lo inesperado con la misma gracia con la que acogemos los momentos de calma y satisfacción.

El Papel del Apoyo Social y las Relaciones

Tener una red de apoyo confiable no solo proporciona un recurso indispensable en momentos de crisis, sino que también alimenta nuestro bienestar mental de manera más sutil y constante. Las relaciones significativas ofrecen un terreno fértil para el crecimiento personal, el intercambio de experiencias y la adquisición de nuevas perspectivas que pueden enriquecer nuestra vida.

El sentido de pertenencia que deriva de relaciones profundas actúa como un potente amortiguador contra los efectos dañinos del estrés y la ansiedad. Esto no es simplemente anecdótico; la investigación ha demostrado que el apoyo social puede mejorar efectivamente nuestra salud física y mental, reduciendo los niveles de cortisol, la hormona del estrés, y aumentando la producción de neurotransmisores como la serotonina y la oxitocina, que están asociados con la felicidad y el bienestar general.

Esta red puede incluir amigos, familiares, colegas e incluso los miembros de grupos o comunidades a las que pertenecemos. Sin embargo, la cantidad no debe confundirse con la calidad. Tener un pequeño círculo de personas en quienes se puede confiar profundamente es más beneficioso que tener un amplio círculo de relaciones superficiales. La profundidad y la calidad de la conexión son fundamentales: un amigo con quien podemos compartir nuestros pensamientos y sentimientos más íntimos tiene un impacto mucho mayor en nuestra salud mental que una docena de conocidos casuales.

Además del apoyo emocional, una robusta red social puede proporcionar diversos tipos de ayuda práctica, como consejos sobre problemas específicos, asistencia para enfrentar desafíos logísticos o incluso ayuda financiera en situaciones extremas. Tales redes también pueden servir como un medio para obtener retroalimentación objetiva sobre nuestras ideas y comportamientos, funcionando como un espejo social que nos ayuda a entendernos a nosotros mismos en un contexto más amplio.

Con el advenimiento de las plataformas de redes sociales, la dinámica de nuestras interacciones sociales ha cambiado significativamente. Si bien estas herramientas pueden actuar como amplificadores de nuestro alcance de conexiones, también pueden crear un sentido distorsionado de intimidad y pertenencia. Es crucial, por lo tanto, ser conscientes del tipo de interacciones que cultivamos en línea y ponderar su verdadera influencia en nuestra salud mental.

No olvidemos, además, el papel de los profesionales de la salud mental. Psicólogos, terapeutas y consejeros pueden ofrecer un apoyo calificado y estructurado, especialmente cuando enfrentamos problemas que requieren un análisis más profundo o una intervención clínica. La terapia no es un signo de debilidad; es un paso proactivo hacia una mejor comprensión y gestión de la propia mente.

Sin embargo, mientras valoramos el papel de las relaciones externas, es igualmente fundamental reconocer la importancia de cultivar una relación saludable con uno mismo. Un fuerte sentido de autocompasión y autocuidado nos permite ser mejores amigos, parejas y miembros de la comunidad. Fortalecer esta relación intrapersonal no solo mejora la calidad de nuestras interacciones con los demás, sino que también construye una base sólida sobre la que se apoya nuestro bienestar mental general.

Y en este ciclo virtuoso, el equilibrio mental que tanto deseamos se nutre y se fortalece: un equilibrio construido no solo sobre hábitos saludables y resiliencia personal, sino también sobre relaciones significativas que enriquecen nuestra vida en todos sus aspectos. Así, mientras nos esforzamos por navegar a través de la complejidad de la mente humana, encontramos consuelo y fuerza en nuestra interconexión con los demás, un vínculo que no solo nos sostiene, sino que nos eleva.

CAPÍTULO VIII

OBJETIVOS DE VIDA Y BIENESTAR PSICOLÓGICO

Teorías Psicológicas sobre la Configuración de Objetivos

En el vasto panorama del bienestar psicológico, la capacidad de establecer y perseguir objetivos representa un pilar fundamental. Sin embargo, esta habilidad aparentemente simple es un constructo psicológico intrincado, con múltiples teorías psicológicas que intentan explicar sus matices.

Quizás la teoría más conocida es la "Teoría de los Objetivos Inteligentes" (SMART), que sostiene que los objetivos deben ser Específicos, Medibles, Alcanzables, Relevantes y Temporales. Esta teoría surge de la observación de que los objetivos poco claros o vagos tienden a producir resultados igualmente borrosos, mientras que los objetivos bien definidos ofrecen un camino claro para la acción.

Otro importante aporte es la "Teoría de la Autodeterminación", que destaca cómo la motivación intrínseca es crucial en el proceso de establecer y perseguir objetivos. En otras palabras, si una persona se siente realmente conectada con un objetivo, la probabilidad de alcanzarlo es significativamente mayor. Este enfoque enfatiza la importancia de seleccionar objetivos que estén alineados con los valores e intereses personales, en lugar de con presiones externas o expectativas sociales.

En el universo de la psicología positiva, la teoría del "Flujo" de Mihaly Csikszentmihalyi ofrece otro punto de vista: la búsqueda de objetivos que produzcan una experiencia óptima de "flujo", un estado mental de total involucramiento, concentración y alegría en la actividad. Este estado, a menudo descrito como "estar en la zona", no solo puede facilitar el logro de los objetivos sino también mejorar el bienestar psicológico general.

Pero también hay una dimensión más oscura, explorada por la "Teoría de la Configuración de Metas" de Edwin Locke y Gary Latham, que observa cómo objetivos demasiado elevados o poco realistas pueden llevar a estrés, ansiedad y, en última instancia, al fracaso. Locke y Latham sugieren un equilibrio, proponiendo que los objetivos deben ser desafiantes, pero no al punto de parecer inalcanzables.

El concepto de "Hipótesis del Gradiente de Meta" ofrece una perspectiva complementaria, sugiriendo que cuanto más nos acercamos al logro de un objetivo, más se intensifica nuestra motivación y esfuerzos. Esta teoría tiene implicaciones para la gestión del tiempo y los recursos, sugiriendo que a menudo es útil establecer pequeños "objetivos intermedios" que sirvan como hitos en el camino hacia metas más grandes.

Todas estas teorías convergen en la necesidad de un enfoque holístico para la configuración de objetivos, que tenga en cuenta las dimensiones emocionales, cognitivas y situacionales. La elección de objetivos que estén alineados con los valores individuales, que sean realistas pero desafiantes y que lleven a un sentido de realización personal, es central en el proceso de construcción del bienestar psicológico.

Al continuar con nuestro examen de los objetivos de vida y el bienestar psicológico, será útil reflexionar sobre cómo los objetivos pueden estar anclados en los valores personales. A través de este diálogo entre teoría y práctica, aspiramos a proporcionar herramientas que permitan una vida más centrada, satisfactoria y feliz.

La Importancia de Tener Objetivos Centrados en los Valores

Examinando las teorías psicológicas sobre la configuración de objetivos, surge con claridad que la eficacia de un objetivo no puede separarse de los valores individuales y de los significados que les atribuimos. Los objetivos centrados en los valores incorporan no solo las aspiraciones y ambiciones que tenemos, sino también el contexto más amplio de nuestra existencia y bienestar. Profundicemos en la importancia vital de seleccionar objetivos que estén profundamente arraigados en los valores personales y cómo estos objetivos pueden actuar como catalizadores para una vida más rica y satisfactoria.

Comenzar desde un punto de vista centrado en los valores ofrece una guía moral o ética. Esto no se trata de moralismo, sino más bien de reconocer que los valores funcionan como una brújula interior, influyendo en la forma en que percibimos el mundo e interactuamos con él. Los objetivos alineados con nuestros valores tienden a generar un sentido de coherencia e integridad, dos componentes fundamentales del bienestar psicológico.

Otro beneficio de los objetivos centrados en los valores es su capacidad para ofrecer una especie de "escudo psicológico" en momentos difíciles. Cuando encontramos obstáculos, es fácil sentirse desconcertado o incluso tentado a abandonar nuestros esfuerzos. En estas etapas, recordar que un objetivo está anclado a un valor fundamental puede proporcionar ese impulso emocional necesario para perseverar.

El enfoque centrado en los valores también es fundamental para evitar la trampa del perfeccionismo. El perfeccionismo puede parecer un rasgo deseable, pero a menudo está relacionado con estándares poco realistas y una obsesión por el éxito que puede, de hecho, obstaculizar el progreso. Los objetivos basados en valores, en cambio, ofrecen un marco más holístico de lo que significa tener éxito, incorporando elementos como el equilibrio, el bienestar emocional y la contribución a la comunidad.

¿Cómo Identificar Estos Valores?

Muy a menudo, reconocer lo que realmente es importante para nosotros requiere un ejercicio de introspección, que puede incluir técnicas de meditación, escritura reflexiva o incluso conversaciones profundas con personas de confianza. El objetivo es llegar a una comprensión clara de los propios valores fundamentales, que podrían incluir la independencia, la creatividad, la empatía, la familia o cualquier otro elemento que defina tu sentido de identidad y bienestar.

Otro aspecto a considerar es la congruencia entre los diferentes objetivos. A veces, podemos descubrir que algunos de nuestros objetivos están en conflicto entre sí. Por ejemplo, un objetivo relacionado con la carrera puede chocar con un objetivo familiar. En estos casos, una evaluación centrada en los valores puede ayudar a establecer prioridades y a encontrar un equilibrio, contribuyendo a una visión más armoniosa de la propia vida.

Al continuar hacia el análisis de los desafíos relacionados con la configuración de objetivos, como la trampa de los objetivos poco realistas, es crucial mantener la perspectiva centrada en los valores como una especie de "faro guía". Esta proporcionará un contexto indispensable para comprender no solo cómo evitar los obstáculos, sino también cómo transformarlos en oportunidades para el crecimiento y el bienestar.

Con esta comprensión, podemos avanzar hacia una vida más satisfactoria, en la que cada objetivo, alineado con nuestros valores fundamentales, no solo nos acerque a nuestras metas, sino que también enriquezca nuestro viaje personal, promoviendo un bienestar integral y duradero.

La Trampa de los Objetivos Irrealistas

Aunque hemos aclarado la importancia de fundamentar los objetivos en valores bien anclados, es igualmente crucial evitar la tentación de caer en la trampa de los objetivos irrealistas. Estos pueden convertirse en vorágines emocionales, devorando tiempo, energía y, en última instancia, la autoeficacia percibida. La delgada línea entre aspirar a lo mejor y establecer objetivos inalcanzables es una cuestión complicada y matizada que requiere una navegación muy cuidadosa.

El peligro de los objetivos irrealistas es que pueden generar ciclos de fracaso y frustración. Por ejemplo, si nos proponemos ser un músico de fama mundial en un año sin ninguna formación musical previa, estamos estableciendo un plan destinado al fracaso. Cuando dicho fracaso ocurre, puede generar sentimientos de insuficiencia y autocrítica que, a su vez, hacen aún más difícil la consecución de objetivos futuros.

La elección de los objetivos debe, por tanto, estar informada no solo por nuestros valores fundamentales, sino también por una evaluación realista de nuestras capacidades, los recursos disponibles y el contexto en el que nos encontramos. Esta es una sutileza que a menudo pasa desapercibida, especialmente en una cultura que glorifica el éxito a toda costa y sugiere que el único límite es nuestra imaginación.

Cuando evaluamos un objetivo, es útil dividirlo en componentes más pequeños y manejables, realizando una especie de "análisis de viabilidad". ¿Cuáles son las habilidades requeridas para alcanzar este objetivo? ¿Dispongo de los recursos necesarios o tengo la posibilidad de adquirirlos? Estas preguntas nos permiten tener una visión más clara y adaptar el objetivo de modo que sea tanto ambicioso como realista.

Sin embargo, cabe señalar que la realización de objetivos no es solo una cuestión de viabilidad logística o de competencias técnicas. Nuestra capacidad para mantener un alto nivel de motivación a lo largo del tiempo también es un factor crucial. A este respecto, la técnica de la "visualización positiva", utilizada a menudo en la psicología del deporte y del rendimiento, puede ser útil. Pero incluso en este caso, es fundamental equilibrar el optimismo con el realismo. Visualizar el éxito puede ser un motor motivacional poderoso, pero debe estar equilibrado con un plan de acción practicable.

Esto nos lleva a la importancia de tener un mecanismo de retroalimentación constructiva. Monitorizar los progresos y realizar ajustes en las estrategias es fundamental para evitar caer en la trampa de los objetivos irrealistas. Y cuando hablamos de retroalimentación, no nos referimos solo a la retroalimentación externa como evaluaciones o resultados tangibles, sino también a la retroalimentación interna en forma de autorreflexión y autoevaluación.

Cada fase del camino es una oportunidad para afinar nuestra comprensión de lo que es realmente importante y de cómo podemos obtener lo mejor de la vida, evitando las trampas que pueden desviarnos del camino. Con la combinación adecuada de una visión centrada en el valor y una evaluación pragmática de las posibilidades reales, podemos navegar a través de la complejidad de la vida, alcanzando objetivos que enriquezcan no solo a nosotros mismos, sino también a las comunidades de las que formamos parte.

Estrategias para Establecer y Alcanzar Objetivos Significativos

Después de haber examinado las trampas relacionadas con la fijación de objetivos poco realistas y subrayado la importancia de un mecanismo de retroalimentación, es lógico preguntarse cómo podemos traducir estas comprensiones en un enfoque eficaz para establecer y alcanzar objetivos significativos. La clave para hacerlo es adoptar estrategias que sean tanto psicológicamente sólidas como pragmáticamente efectivas.

Una de las técnicas más consolidadas es la estrategia S.M.A.R.T., un acrónimo que representa Específico, Medible, Alcanzable, Relevante y con un plazo de Tiempo definido. Sin embargo, aunque los objetivos S.M.A.R.T. proporcionan una estructura útil, son solo un punto de partida. La verdad es que la realización de los objetivos es un proceso altamente individual y dinámico que involucra numerosos factores, además de los puramente logísticos.

Por ejemplo, la resiliencia emocional es a menudo un ingrediente pasado por alto pero crucial. Habrá inevitablemente contratiempos y decepciones en el camino. Sin la capacidad de enfrentar los desafíos emocionales, incluso el objetivo más "inteligente" puede terminar siendo abandonado. Aquí es donde entra en juego la psicología positiva con conceptos como la "tenacidad", que integra pasión y perseverancia, y el "flujo", un estado de involucramiento óptimo. Tales conceptos amplían nuestro enfoque más allá de la simple fijación de objetivos, ayudándonos a mantener un compromiso sostenible a lo largo del tiempo.

Además, para mantener alta la motivación, es vital tener una clara visión del 'por qué' detrás del objetivo. Este 'por qué' debería estar idealmente alineado con los valores e ideales personales, haciendo la conexión con la noción de objetivos centrados en valores que hemos discutido anteriormente. Sin un fuerte 'por qué', es fácil perderse en los detalles o abandonar el compromiso cuando las cosas se ponen difíciles.

Otra herramienta útil es la "planificación si-entonces", una técnica que involucra la creación de planes de acción específicos para situaciones predecibles. Por ejemplo, "Si me siento desmotivado, entonces leeré mi lista de razones por las que estoy persiguiendo este objetivo". Esto no solo nos prepara para superar los obstáculos, sino que también establece caminos neuronales que hacen más automática nuestra reacción a los problemas.

Vale la pena también involucrar a otras personas en nuestro camino hacia la realización de los objetivos. El apoyo social no es solo un potente mecanismo de retroalimentación, sino que también puede servir como una fuente adicional de responsabilidad y motivación. La colaboración y el compartir los objetivos con personas de confianza pueden resultar ser una estrategia ganadora para mantener alto el interés y la dedicación.

En conclusión, la fijación y el logro de objetivos no son procesos aislados, sino parte de un ecosistema de factores que incluyen la evaluación realista, la alineación con los valores personales, la resiliencia emocional, la planificación anticipada y el apoyo social. Como veremos en el próximo punto dedicado a "Casos de éxito y estudios empíricos sobre la consecución de objetivos", estas estrategias no son solo teorías abstractas, sino principios que han demostrado su eficacia en la vida real, proporcionando un camino tangible hacia el bienestar psicológico y la realización personal.

Casos de Éxito y Estudios Empíricos sobre la Consecución de Objetivos

No necesitamos buscar lejos para encontrar ejemplos concretos que ilustren la eficacia de las estrategias para establecer y alcanzar objetivos significativos. De hecho, la literatura científica está repleta de estudios empíricos que exploran cómo los individuos han encontrado éxito a través de diversos enfoques para la fijación de objetivos. Estos casos no solo proporcionan inspiración, sino también una confirmación válida de la teoría. Examinemos algunos de estos estudios para entender mejor cómo los principios teóricos se traducen en éxito tangible.

Uno de los casos más célebres es una investigación longitudinal realizada sobre estudiantes de medicina. El estudio encontró que los estudiantes que tenían objetivos específicos y medibles tendían a tener un rendimiento académico superior y niveles más altos de bienestar general en comparación con sus colegas sin un enfoque definido. Notablemente, los estudiantes exitosos utilizaban a menudo técnicas como la planificación "si-entonces" y tenían una clara comprensión del 'por qué' detrás de sus objetivos, alineado con sus valores personales y aspiraciones a largo plazo.

Igualmente esclarecedor es un estudio realizado en un contexto empresarial que examinó el impacto de los objetivos grupales en la productividad. El grupo con objetivos compartidos, claramente definidos y medibles, superó con creces a un grupo de control sin tales objetivos. Y como habíamos hipotetizado, el grupo exitoso también tenía un nivel más alto de apoyo social y mecanismos de retroalimentación constructivos que contribuyeron a su éxito colectivo.

Entonces, ¿cuál es la lección común de estos ejemplos?

En ambos casos, los individuos o grupos que tuvieron éxito siguieron una combinación de las estrategias discutidas hasta ahora: objetivos bien definidos, un fuerte sentido del 'por qué', resiliencia emocional, planificación proactiva y un entorno de apoyo. No se trataba de una fórmula mágica o de un golpe de suerte, sino más bien de una aplicación consciente de principios bien fundamentados.

Lo que es aún más alentador es que estos casos de estudio no son únicos; son representativos de un vasto cuerpo de investigaciones que confirman la eficacia de un enfoque estratégico y psicológicamente informado para la fijación de objetivos. Desde la educación hasta la industria, desde los equipos deportivos hasta los individuos, la consistencia de los resultados sugiere que estos no son éxitos aislados, sino más bien ejemplos de un fenómeno más amplio que puede aplicarse en varios ámbitos de la vida.

En otras palabras, estos casos y estudios no solo sirven para validar las teorías; también actúan como puentes, conectando la investigación empírica con la práctica diaria, y haciendo que la ciencia de la fijación de objetivos sea accesible y aplicable para todos. Y con esto, nuestro viaje a través de la psicología de los objetivos y el bienestar se cierra, no como una conclusión, sino como una invitación a continuar explorando, a poner en práctica lo que hemos aprendido, y a buscar continuamente una vida más rica y satisfactoria.

CAPÍTULO IX

LA IMPORTANCIA DE LAS RELACIONES Y DE LA COMUNIDAD

Análisis Científico del Papel de las Relaciones Sociales en la Salud Mental

El papel de las relaciones sociales en la salud mental es un tema que ha atraído la atención de psicólogos, neurocientíficos y sociólogos durante décadas. Estas interacciones no son solo un aspecto marginal de nuestra existencia, sino una componente fundamental que influye profundamente en nuestro bienestar psicológico.

Para comprender la importancia de las relaciones sociales, es útil explorar las diversas dimensiones en las que influyen en la salud mental. Desde el punto de vista neurocientífico, cuando interactuamos positivamente con los demás, nuestro cerebro libera neurotransmisores como la oxitocina, conocida como la hormona del amor y la confianza. Esto no solo aumenta el sentido de conexión con los demás, sino que también reduce el estrés y la ansiedad. La serotonina, otro neurotransmisor importante, también se ve influenciada por nuestras interacciones sociales y juega un papel significativo en la regulación del estado de ánimo.

Además, la psicología ha demostrado que la calidad de nuestras relaciones sociales puede tener un impacto profundo en nuestro bienestar mental. Las relaciones positivas, caracterizadas por el apoyo, la comprensión y el cuidado mutuo, pueden reducir el riesgo de trastornos mentales como la depresión y la ansiedad. Por otro lado, las relaciones tóxicas o conflictivas pueden tener el efecto opuesto, aumentando el estrés y contribuyendo a un sentido de aislamiento e insatisfacción.

En el plano sociológico, la integración social, es decir, el sentido de pertenencia a una comunidad o grupo, es fundamental para nuestra salud mental. La sensación de ser parte de algo más grande que uno mismo puede proporcionar un sentido de seguridad, identidad y propósito. Esta integración va más allá de la mera presencia física de otros; se trata de una conexión emocional y psicológica que ofrece apoyo y validación.

Sin embargo, la relación entre la sociabilidad y la salud mental no es sencilla. Por ejemplo, muy poco contacto social puede llevar a la soledad y el aislamiento, factores que se han relacionado con una variedad de problemas de salud mental. De la misma manera, un contacto social excesivo, especialmente si es de baja calidad o estresante, puede ser igualmente perjudicial. Encontrar el equilibrio adecuado en las relaciones sociales es, por lo tanto, un aspecto crucial de la gestión de la salud mental.

Otro aspecto importante es la diversidad en las relaciones sociales. Tener una variedad de tipos de relaciones -amigos, familiares, colegas, mentores- puede proporcionar una red de apoyo más amplia y resiliente. Cada tipo de relación aporta algo único a nuestro bienestar, y tener una mezcla de diferentes interacciones puede ayudar a garantizar que nuestras necesidades sociales se satisfagan de manera variada y complementaria.

Las relaciones sociales y su impacto en la salud mental son un campo complejo y multifacético. La clave para obtener el máximo beneficio de nuestras interacciones sociales es encontrar un equilibrio entre calidad y cantidad, diversidad y profundidad. Este equilibrio nos permite disfrutar de los beneficios de un apoyo social robusto, reduciendo al mismo tiempo los riesgos asociados con el aislamiento o las relaciones negativas. Exploraremos más a fondo cómo el sentido de comunidad, influenciado por teorías sociológicas y psicológicas, juega un papel fundamental en la construcción de este equilibrio vital.

Obstáculos Comunes para Formar Relaciones Significativas

Considerando la complejidad del ecosistema social que es una comunidad, es inevitable que existan diversos obstáculos para formar relaciones significativas. Estos obstáculos pueden tener raíces en diferentes niveles de análisis, desde el personal hasta el colectivo, y entender cómo navegar a través de ellos es crucial para poder construir un sistema de apoyo social eficaz.

Comencemos con los obstáculos internos, aquellos que provienen de dentro de nosotros. A menudo, nuestra propia mentalidad y las creencias limitantes nos impiden establecer relaciones significativas. Por ejemplo, el miedo al rechazo o la preocupación de no ser lo suficientemente buenos pueden llevar al evitamiento social. Del mismo modo, la presencia de problemas de salud mental como la depresión o la ansiedad puede erosionar la confianza en uno mismo y limitar la energía necesaria para involucrarse en interacciones sociales.

A nivel interpersonal, las dinámicas de poder y los prejuicios pueden jugar un papel significativo. Las desigualdades de género, clase o etnia dentro de una comunidad pueden crear barreras visibles e invisibles para la integración y la formación de vínculos auténticos. En algunas comunidades, la norma podría ser no "mezclarse" con personas provenientes de grupos diferentes, limitando así las oportunidades para relaciones más profundas y significativas.

El entorno mismo puede ser un obstáculo. Vivimos en una era en la que la conectividad digital parece haber reemplazado muchas formas de interacción humana. La ironía es que, a pesar de estar más "conectados" que nunca, estas conexiones a menudo carecen de profundidad y sustancia. La sobreabundancia de interacciones superficiales en línea puede llevar a una especie de "agotamiento relacional", donde parece que hay poco tiempo o energía para cultivar relaciones más significativas.

Además, factores macroscópicos como la política económica y la estructura urbana pueden tener un impacto dramático en cómo se forman las relaciones dentro de las comunidades. Por ejemplo, una economía en la que la mayoría de las personas se ve obligada a trabajar largas horas para sobrevivir tendrá poco tiempo para la socialización y la construcción de una red de apoyo. Lo mismo ocurre con las ciudades diseñadas alrededor del uso del automóvil en lugar de la peatonalidad, lo que limita las interacciones casuales que a menudo llevan a relaciones más profundas.

Dada esta intrincada red de desafíos, ¿cómo podemos superar estos obstáculos para formar relaciones significativas y construir comunidades más fuertes?

Una de las claves podría ser encontrar nuevas maneras de utilizar la tecnología para facilitar, en lugar de obstaculizar, la conexión humana. Pero antes, es crucial explorar la creciente importancia de las redes de apoyo y las comunidades en línea.

Obstáculos Comunes para Formar Relaciones Significativas

Considerando la complejidad del ecosistema social que es una comunidad, es inevitable que existan diversos obstáculos para formar relaciones significativas. Estos obstáculos pueden tener raíces en diferentes niveles de análisis, desde el personal hasta el colectivo, y entender cómo navegar a través de ellos es crucial para poder construir un sistema de apoyo social eficaz.

Comencemos con los obstáculos internos, aquellos que provienen de dentro de nosotros. A menudo, nuestra propia mentalidad y las creencias limitantes nos impiden establecer relaciones significativas. Por ejemplo, el miedo al rechazo o la preocupación de no ser lo suficientemente buenos pueden llevar al evitamiento social. Del mismo modo, la presencia de problemas de salud mental como la depresión o la ansiedad puede erosionar la confianza en uno mismo y limitar la energía necesaria para involucrarse en interacciones sociales.

A nivel interpersonal, las dinámicas de poder y los prejuicios pueden jugar un papel significativo. Las desigualdades de género, clase o etnia dentro de una comunidad pueden crear barreras visibles e invisibles para la integración y la formación de vínculos auténticos. En algunas comunidades, la norma podría ser no "mezclarse" con personas provenientes de grupos diferentes, limitando así las oportunidades para relaciones más profundas y significativas.

El entorno mismo puede ser un obstáculo. Vivimos en una era en la que la conectividad digital parece haber reemplazado muchas formas de interacción humana. La ironía es que, a pesar de estar más "conectados" que nunca, estas conexiones a menudo carecen de profundidad y sustancia. La sobreabundancia de interacciones superficiales en línea puede llevar a una especie de "agotamiento relacional", donde parece que hay poco tiempo o energía para cultivar relaciones más significativas.

Además, factores macroscópicos como la política económica y la estructura urbana pueden tener un impacto dramático en cómo se forman las relaciones dentro de las comunidades. Por ejemplo, una economía en la que la mayoría de las personas se ve obligada a trabajar largas horas para sobrevivir tendrá poco tiempo para la socialización y la construcción de una red de apoyo. Lo mismo ocurre con las ciudades diseñadas alrededor del uso del automóvil en lugar de la peatonalidad, lo que limita las interacciones casuales que a menudo llevan a relaciones más profundas.

Dada esta intrincada red de desafíos, ¿cómo podemos superar estos obstáculos para formar relaciones significativas y construir comunidades más fuertes?

Una de las claves podría ser encontrar nuevas maneras de utilizar la tecnología para facilitar, en lugar de obstaculizar, la conexión humana. Pero antes, es crucial explorar la creciente importancia de las redes de apoyo y las comunidades en línea.

La Importancia de las Redes de Apoyo y las Comunidades en Línea

Después de discutir los obstáculos para la formación de relaciones significativas, es crucial reconocer cómo las redes de apoyo y las comunidades en línea están emergiendo como un elemento fundamental para superar algunas de estas barreras. La tecnología digital, a menudo etiquetada como una de las causas del aislamiento moderno, puede paradójicamente servir como una herramienta poderosa de conexión humana si se utiliza con intencionalidad y conciencia.

Partamos de la consideración de que no todos tienen acceso a una comunidad física solidaria. Esto es particularmente cierto para individuos pertenecientes a grupos marginados o que viven en áreas geográficas remotas. En tales casos, las comunidades en línea pueden fungir como espacios seguros, ofreciendo oportunidades para interacciones significativas que de otro modo serían inaccesibles. Aquí, las personas pueden encontrar grupos que comparten intereses específicos, desafíos o identidades, a menudo formando vínculos profundos sin necesidad de encontrarse físicamente.

Las comunidades en línea no son solo lugares de pertenencia, sino también de aprendizaje y crecimiento personal. A menudo, estas plataformas se convierten en recursos de información y herramientas que ayudan a los individuos a navegar en los desafíos de la vida, que pueden variar desde problemas de salud hasta cuestiones profesionales o relacionales. Además, el apoyo en línea es fundamental en situaciones de emergencia global como una pandemia, donde las restricciones físicas impiden las interacciones cara a cara. En contextos como este, las comunidades en línea pueden convertirse en un salvavidas.

Sin embargo, es vital reconocer que la calidad de las interacciones en línea es tan variable como la de las relaciones fuera de línea. No todas las comunidades en línea están construidas de la misma manera; algunas pueden ser tóxicas, polarizadas o incluso peligrosas. Es esencial que los individuos sean críticos y selectivos al ingresar a nuevos espacios digitales. La alfabetización digital, es decir, la capacidad de utilizar, evaluar y generar información a través de las plataformas digitales, se vuelve crucial en este contexto.

Otra preocupación es la posibilidad de que las comunidades en línea puedan servir como sustitutos subóptimos para las interacciones del mundo real. Aunque las herramientas digitales pueden facilitar la conexión, es importante que no reemplacen completamente los lazos humanos más tangibles y complejos que derivan de la interacción cara a cara. El contacto físico, el lenguaje corporal y las sutiles matices de la comunicación humana no pueden ser plenamente replicados en un espacio digital.

Con estas consideraciones en mente, podemos concluir que, aunque las comunidades y las redes de apoyo en línea ofrecen enormes ventajas, no son una panacea. Desempeñan un papel complementario, en lugar de sustitutivo, en la formación de un sistema de apoyo social robusto y flexible. La clave está en el equilibrio: utilizar las plataformas en línea para llenar los vacíos donde las comunidades físicas no logran proporcionar apoyo, pero sin abandonar la importancia de las relaciones fuera de línea. De esta manera, las redes de apoyo en línea pueden servir como una herramienta poderosa en nuestra caja de herramientas sociales, relacionada con las estrategias para construir un sistema de apoyo social sólido.

Estrategias para Construir un Sistema Sólido de Apoyo Social

Después de explorar la importancia de las relaciones tanto en línea como fuera de línea y cómo se complementan entre sí, es fundamental indagar en las estrategias específicas que cada uno puede emplear para construir un sistema sólido de apoyo social. Estas estrategias pueden variar considerablemente de un individuo a otro, en función de las circunstancias personales, pero algunas pautas universales pueden ofrecer una base sólida desde la cual empezar.

Un aspecto crucial es la autenticidad: es difícil formar vínculos profundos y significativos si se vive una vida inauténtica. La autenticidad es tan importante en las relaciones físicas como en las digitales. Ser sincero sobre quién se es realmente puede facilitar interacciones más profundas y significativas, reduciendo al mismo tiempo la probabilidad de conflictos e incomprensiones a largo plazo. La honestidad y la transparencia son herramientas poderosas que permiten a las personas sentirse más cercanas y conectadas entre sí, incluso cuando están geográficamente distantes.

Por otro lado, no se puede ignorar la importancia del tiempo y el esfuerzo. Construir un sistema de apoyo sólido no es una empresa que se pueda lograr de la noche a la mañana. Requiere un compromiso constante y la capacidad de estar presentes no solo físicamente, sino también emocionalmente para los demás. Esta presencia constante, unida a la apertura y la disposición para escuchar, puede crear un entorno en el que las relaciones florezcan.

Del mismo modo, la reciprocidad es fundamental en cualquier relación. No se trata solo de recibir, sino también de dar. Y este dar no siempre es tangible; a menudo, el regalo más valioso que se puede ofrecer es la empatía y la escucha activa. Un sistema de apoyo no es un camino de un solo sentido; para ser sostenible, debe ser alimentado por ambas partes.

Las habilidades sociales, como la comunicación efectiva y la inteligencia emocional, también juegan un papel clave. Aprender a descifrar las señales sociales, tanto en línea como fuera de línea, puede proporcionar una comprensión más profunda de las dinámicas interpersonales, haciendo más fácil construir relaciones sólidas. Cursos, libros y otros recursos pueden ser útiles en este camino de aprendizaje, pero la práctica es el método más eficaz para afinar estas competencias.

En nuestra era digital, la habilidad de gestionar eficazmente las comunidades en línea se ha vuelto igualmente crucial. Como hemos discutido, estas comunidades pueden servir como puentes importantes hacia un apoyo social más amplio, pero necesitan una gestión activa para mantener su eficacia y prevenir la toxicidad.

Recapitulando, construir un sistema sólido de apoyo social es un proceso multifase que requiere compromiso, autenticidad, reciprocidad y una serie de habilidades sociales y emocionales. Con una combinación de interacciones en línea y fuera de línea, cada uno puede crear una red de apoyo robusta y resiliente que no solo mejora la calidad de vida, sino que también ofrece una base sólida para el crecimiento y el desarrollo personal. Y mientras continuamos avanzando en un mundo cada vez más conectado y complejo, no subestimemos nunca el poder de una comunidad en la conformación de nuestro bienestar mental y físico.

CAPÍTULO X

<u>UNA CAMINO HACIA EL FUTURO</u>

La Evolución del Concepto de Bienestar Mental en el Tiempo y la Cultura

Para entender plenamente cómo abordar el bienestar mental hoy en día, es fundamental examinar cómo su concepto ha evolucionado a lo largo del tiempo y a través de diversas culturas. Si en el pasado, por ejemplo, el bienestar mental a menudo se relegaba a los rincones más oscuros del discurso público, hoy en día se ha convertido en una cuestión central. Esta transformación no ha sido casual, sino que ha sido el resultado de años de investigación científica, cambios culturales y desarrollos sociopolíticos.

En las antiguas tradiciones orientales, el bienestar mental ya se consideraba inseparable del bienestar físico. Enseñanzas como el yoga y la meditación eran prácticas comunes para mantener el equilibrio de la mente. Por otro lado, en las sociedades occidentales, hasta tiempos relativamente recientes, los trastornos mentales a menudo se trataban como signos de debilidad moral o incluso de posesión demoníaca. Con el advenimiento de la psicología como ciencia, comenzamos a ver la mente humana bajo una luz más analítica, desvelando complejidades y detalles que requerían un tipo de cuidado más sofisticado.

El progreso científico ha jugado un papel fundamental en esta evolución. El desarrollo de medicamentos más eficaces, el uso de terapias basadas en evidencia y la importancia asignada a la salud mental en el discurso público han contribuido a reducir el estigma asociado con los problemas mentales. Sin embargo, incluso con estas innovaciones, un enfoque puramente medicalizado ha demostrado ser insuficiente para abordar la complejidad del bienestar mental humano.

En el contexto actual de globalización e interconexión, las definiciones de bienestar mental se están volviendo cada vez más interculturales. Por ejemplo, la práctica de la mindfulness, arraigada en el budismo, ha sido adaptada e incorporada en Occidente como una herramienta para reducir el estrés y mejorar la calidad de vida. De manera similar, la comprensión occidental de la psicoterapia ha encontrado aplicación en diversas culturas alrededor del mundo.

La cultura popular también ha influido significativamente en nuestras concepciones de bienestar mental. Películas, series de televisión y redes sociales han comenzado a tratar temas como la depresión, la ansiedad y otros desafíos de salud mental, haciendo que estos temas sean menos tabú y más accesibles para la discusión pública. Aunque esto tiene sus pros y sus contras, la visibilidad y la representación pueden ser poderosas herramientas de concienciación.

Este viaje histórico y cultural en el concepto de bienestar mental nos sirve como fundamento para examinar cómo podemos planificar y mantener los progresos obtenidos. No podemos aplicar estrategias efectivas para el bienestar mental sin primero comprender cómo las diversas facetas del bienestar mental se entrelazan con las tradiciones culturales, los avances científicos y los cambios sociopolíticos. Un enfoque multidimensional, que tenga en cuenta todos estos factores, es indispensable si aspiramos a un futuro en el que el bienestar mental sea accesible y realizable para todos.

Planificación y Mantenimiento de los Progresos Obtenidos

Mientras nuestra comprensión del bienestar mental ha evolucionado y se ha enriquecido con matices culturales e históricos, la pregunta ahora se convierte en: "¿Cómo podemos planificar y mantener los progresos realizados en nuestro camino hacia el bienestar mental?" La sostenibilidad y la continuidad son esenciales, ya que no se trata solo de alcanzar un determinado estado de salud mental, sino de mantenerlo a lo largo del tiempo.

En primer lugar, la planificación. Es fundamental que los individuos reconozcan que el bienestar mental no es un destino, sino un recorrido. La planificación comienza con la definición de objetivos personales. Estos pueden variar desde pequeños cambios cotidianos, como dedicar tiempo para uno mismo cada día, hasta objetivos más amplios, como emprender un camino terapéutico.

Sin embargo, los objetivos por sí solos no son suficientes. La clave reside en la creación de planes de acción detallados. Por ejemplo, si el objetivo es reducir la ansiedad, un plan de acción podría incluir la práctica diaria de la meditación, programar sesiones regulares con un terapeuta, o unirse a un grupo de apoyo local. Planificar también significa prever obstáculos y poner en marcha estrategias preventivas para abordarlos.

A continuación, está el mantenimiento. A medida que las personas alcanzan ciertos hitos en su camino hacia el bienestar mental, pueden surgir nuevos desafíos. Por eso es fundamental contar con mecanismos de apoyo. Una red de apoyo fiable, compuesta por amigos, familiares y profesionales, puede marcar una gran diferencia. Estos vínculos, que exploraremos más a fondo en el siguiente punto, funcionan como redes de seguridad, ayudándonos a mantener el equilibrio incluso cuando enfrentamos desafíos inesperados.

El auto-monitoreo también tiene un papel crucial. A través de diarios, aplicaciones o simples reflexiones, monitorear los propios sentimientos, comportamientos y pensamientos puede ayudar a reconocer los signos de posibles recaídas o retrocesos. El auto-monitoreo también funciona como una manera de celebrar los éxitos, reconociendo los progresos realizados y reforzando la motivación.

Sin embargo, el camino no siempre es lineal. Puede haber momentos de estancamiento o aparentes retrocesos. Aquí es donde interviene la adaptabilidad. La capacidad de adaptarse, de modificar los planes según las nuevas circunstancias, es esencial. Si una estrategia particular no está funcionando como se esperaba, no se trata de un fracaso, sino de una oportunidad para aprender y adaptarse.

Finalmente, la formación continua. Al igual que en cualquier otra área de nuestra vida, aprender nuevas técnicas, teorías o prácticas puede ofrecer nuevas perspectivas y herramientas. Ya sea participando en talleres, leyendo libros o asistiendo a conferencias, la educación continua puede enriquecer y fortalecer nuestro camino hacia el bienestar mental.

Este enfoque estratégico y reflexivo para la planificación y el mantenimiento de los progresos obtenidos no solo asegura un crecimiento sostenible, sino que también sienta las bases para un enfoque holístico del bienestar mental. Un enfoque que reconoce el equilibrio interconectado entre mente, cuerpo y entorno, y que nos guiará en la siguiente etapa de nuestro viaje.

La Importancia de un Enfoque Holístico para el Bienestar Mental

Es fundamental comprender que el bienestar mental no es una entidad aislada, independiente de otras esferas de la vida. Un enfoque holístico toma en cuenta no solo la mente, sino también el cuerpo, las relaciones sociales, el entorno circundante e incluso la espiritualidad. Esta visión holística nos permite examinar cómo cada uno de estos elementos interactúa sinérgicamente para influir en nuestra salud mental, y nos permite crear planes de tratamiento más efectivos.

Tomemos, por ejemplo, el papel de la nutrición. Los alimentos que consumimos tienen un impacto directo en nuestro estado emocional y mental. Sustancias como la serotonina, a menudo denominada "hormona de la felicidad", son directamente influenciadas por la dieta. Por lo tanto, un plan de bienestar mental que ignore la nutrición es incompleto y potencialmente menos efectivo.

Luego está la actividad física, una medicina natural poderosa para una serie de trastornos mentales, desde la ansiedad hasta la depresión. Ejercitar el cuerpo no solo es una cuestión de forma física; también es una manera de liberar la mente, de dar un sentido de realización y de inculcar una sensación de control sobre la propia vida.

Las relaciones sociales representan otro pilar. Somos seres sociales; la calidad de nuestras relaciones tiene un impacto enorme en nuestra salud mental. Las relaciones positivas pueden proporcionar apoyo, amor y un sentido de pertenencia, que a su vez pueden actuar como amortiguadores contra el estrés y el aislamiento. Del mismo modo, las relaciones tóxicas o disfuncionales pueden tener un impacto negativo, por lo que debemos estar atentos a los vínculos que mantenemos y cultivamos.

Además de estos aspectos más tangibles, está la dimensión del entorno en el que vivimos. La contaminación, el ruido, la sobrepoblación e incluso la arquitectura pueden tener efectos notables en nuestro estado mental. Vivir en un entorno saludable y estimulante puede aumentar nuestra sensación de bienestar, mientras que un espacio caótico o contaminado puede hacer exactamente lo opuesto.

La espiritualidad, independientemente de la religión o de la falta de ella, ofrece otra herramienta para el bienestar mental. Esta conexión con algo más grande que nosotros mismos puede proporcionar un sentido de propósito, una red de apoyo comunitario y técnicas de afrontamiento como la meditación o la oración.

Un enfoque holístico, por lo tanto, no se trata solo de la suma de sus partes. Es una visión integrada que reconoce cómo cada aspecto de la vida humana puede interactuar de maneras complejas e impredecibles. Considerar todas estas dimensiones juntas puede parecer una tarea ardua, pero en realidad ofrece la oportunidad de abordar la salud mental desde una perspectiva mucho más amplia y profunda.

Muy a menudo, se piensa en el éxito y el bienestar en términos extremadamente reduccionistas: un buen trabajo, una familia feliz, estabilidad económica. Sin embargo, quizás sea momento de reconsiderar estas definiciones tradicionales de éxito y bienestar. Después de todo, si nuestro objetivo es vivir una vida verdaderamente satisfactoria, entonces debemos tener en cuenta todos los aspectos que contribuyen a esa sensación de plenitud y propósito.

Reconocer la Definición de Éxito y Bienestar

Habiendo delineado la importancia de un enfoque holístico para el bienestar mental, se vuelve indispensable reflexionar sobre lo que realmente significan "éxito" y "bienestar" en el contexto de una vida armoniosamente equilibrada. Para muchos, el éxito a menudo se reduce a indicadores medibles: salario, título laboral, tamaño de la casa, y así sucesivamente. Sin embargo, como sabemos, una vida que persigue solo estos indicadores puede llevar a una crisis de bienestar mental y físico.

Cuando hablamos de "bienestar", nos referimos a un término más complejo y multidimensional de lo que a menudo esperamos. Va más allá de la mera ausencia de enfermedad o malestar para incluir un sentido más profundo de satisfacción y plenitud. Con esto en mente, tal vez sea el momento de preguntarse cuáles son las verdaderas métricas del bienestar y del éxito en una vida humana.

La calidad de las relaciones, como ya hemos subrayado, es una de estas métricas. En un mundo cada vez más conectado pero paradójicamente aislado, la calidad de nuestros vínculos humanos se convierte en un claro indicador de éxito personal. Poseer una red social fuerte y amorosa contribuye no solo a nuestra longevidad sino también a la calidad de nuestra vida diaria.

La capacidad de enfrentar y superar desafíos es otra métrica. La resiliencia mental y la capacidad de afrontar las adversidades están directamente relacionadas con nuestra sensación de bienestar. Una persona que posee las competencias para enfrentar las dificultades de la vida con gracia y determinación está mucho más cerca de una definición holística de éxito.

La integración entre vida laboral y vida privada es otra consideración vital. Una carrera exitosa que sacrifica la vida familiar o la salud personal puede parecer atractiva a corto plazo, pero a largo plazo, estos desequilibrios pueden manifestarse como estrés, agotamiento y otros problemas de salud. Revisar nuestras prioridades puede llevarnos a una definición de éxito que honre todas las esferas de la vida.

¿Y qué decir del crecimiento personal y el desarrollo de la identidad? La capacidad de evolucionar, de aprender, de expandir nuestros horizontes es quizás la métrica más descuidada del éxito. Sin embargo, es uno de los indicadores más confiables de un individuo sano y bien adaptado. En una cultura obsesionada con la eterna juventud, es crucial recordar que crecer y cambiar no solo es inevitable, sino también deseable.

Reconsiderar la definición de éxito y bienestar nos lleva a un punto de profunda reflexión conclusiva. Tener una carrera próspera, una familia amorosa y una salud robusta son objetivos loables, pero si se persiguen de manera aislada, pueden llevar a una vida desequilibrada y, en última instancia, insatisfactoria. Es el momento de ampliar nuestra visión, de considerar la riqueza de la vida en todos sus aspectos y de crear un camino hacia un futuro que integre cada dimensión del bienestar humano.

Reflexiones Conclusivas y Visión de un Futuro Integrado

Hemos recorrido un largo camino, desde el análisis de las métricas tradicionales de éxito y bienestar hasta una redefinición más completa y holística de estos términos. El arco narrativo de esta exploración representa una metáfora de nuestro crecimiento individual y colectivo. Estamos llamados a expandir nuestros horizontes mentales, a incorporar nuevas competencias y a acoger una visión más amplia de lo que significa ser un ser humano completo y satisfecho.

Entrar en esta nueva fase de nuestra comprensión requiere más que una simple recopilación de información. Es una invitación a una suerte de revolución interior, una recalibración de nuestras prioridades y actitudes. La visión de un futuro integrado no es un simple ejercicio intelectual, sino un imperativo existencial. En un mundo cada vez más complejo e interconectado, nuestra supervivencia y prosperidad, como individuos y como sociedad, dependen de nuestra capacidad para trascender visiones reductivas y fragmentadas de la realidad.

Un futuro integrado, por lo tanto, no es solo una cuestión de equilibrio entre vida profesional y vida privada, o de mantener una dieta sana en medio de una rutina agitada. Es una llamada a vivir de manera holística, reconociendo y honrando la complejidad y la interdependencia de todas las dimensiones del bienestar humano: físico, emocional, mental y espiritual.

Esto también significa reconocer y celebrar nuestra interdependencia con el mundo natural. Un futuro integrado no puede existir si no abordamos las urgentes crisis ambientales que amenazan nuestro planeta. No se trata solo de "salvar la Tierra", sino de reconocer que nuestro bienestar está indisolublemente ligado a la salud de nuestro entorno.

La interdependencia se extiende también a nuestra conexión con los demás. En un mundo donde las divisiones parecen cada vez más profundas, el futuro integrado requiere un nuevo paradigma de inclusividad y respeto. Las divisiones basadas en raza, clase, género y nacionalidad deben superarse en nombre de una visión más amplia de la humanidad.

A la luz de todo esto, cada uno de nosotros tiene un papel que desempeñar. Comenzando por nosotros mismos, debemos aprender a vivir de manera más consciente e intencional. Debemos buscar el equilibrio no como un objetivo aislado, sino como una forma de vida que honra todas las partes de nuestro ser.

Para concluir, queremos dejar una nota de optimismo y esperanza. A pesar de los enormes desafíos que nos esperan, poseemos las herramientas intelectuales, emocionales y espirituales para enfrentarlos. Este libro quiere ser un inicio, un paso a lo largo de un camino que todos debemos recorrer juntos. La visión de un futuro integrado está allí, en el horizonte, esperando que la realicemos con coraje y amor.

Entonces, ¿en qué dirección iremos?

La elección es nuestra, y el momento de actuar es ahora.

CAPÍTULO XI

MÁS ALLÁ DEL PENSAMIENTO EXCESIVO: HERRAMIENTAS Y ESTRATEGIAS PARA UN FUTURO LIBRE E INTENCIONAL

Ejercicios y Técnicas en el Libro: Cómo Maximizar el Impacto

Hemos navegado a través de un mar de información, estrategias y sugerencias que, espero, ya hayan comenzado a marcar una diferencia en tu vida. Pero mientras la teoría es la base sobre la cual construir, la práctica es la clave para obtener resultados concretos. Entonces, ¿cómo podemos maximizar el impacto de lo aprendido?

Para empezar, es fundamental volver a los ejercicios y técnicas presentados a lo largo del libro. La repetición es la madre del aprendizaje; la constancia es el motor de la maestría. Revisa los ejercicios que te hayan impactado particularmente o que te hayan parecido más efectivos. Aunque al principio puedan parecer simples o triviales, a menudo es en la repetición constante donde emergen los beneficios más profundos.

Cada ejercicio ha sido diseñado para abordar diferentes aspectos del pensamiento excesivo. Algunos pueden centrarse en la mindfulness, otros en el análisis cognitivo, y otros más en la autocompasión. Pero cada uno de ellos es una pieza que compone un cuadro más grande. Integrarlos en tu rutina diaria o semanal te permitirá crear un mosaico de habilidades y estrategias que pueden proporcionar un alivio duradero y significativo del estrés mental.

La importancia de llevar un diario de los ejercicios no puede ser subestimada. Documentar tus progresos, observaciones e incluso las dificultades, puede proporcionar valiosos conocimientos sobre cómo perfeccionar aún más tu práctica. No solo eso, sino que, con el tiempo, releer estas notas te mostrará cuánto has crecido, proporcionando una capa adicional de motivación.

Sin embargo, es igualmente importante ser flexibles en nuestro enfoque. Si un ejercicio o técnica particular no resuena contigo, no te fuerces. La práctica forzada puede ser contraproducente y conducir a más frustraciones. Estar abierto a la adaptación y la evolución de los métodos es fundamental para el mantenimiento del bienestar mental a largo plazo.

Uno de los obstáculos más comunes para la práctica continua es el autocrítica. Cuando nos damos cuenta de que estamos pensando demasiado, podemos caer en un ciclo de autocrítica que puede ser paralizante. Aquí es donde entran en juego los ejercicios enfocados en la autocompasión y la aceptación. En lugar de juzgarte por "volver a viejos hábitos", utiliza estas ocasiones como oportunidades para la práctica: un momento para aplicar las técnicas y ejercicios que has aprendido.

Finalmente, aunque los capítulos anteriores del libro se han centrado en diferentes temas, el verdadero secreto para maximizar la eficacia de los ejercicios es su integración. Se trata de combinar técnicas de mindfulness con aquellas de autocompasión, de mezclar el análisis cognitivo con la presencia mental y de equilibrar la reflexión con la acción. Es sobre esta base multidimensional que estamos por construir tu plan personalizado para enfrentar el desafío del pensamiento excesivo.

Crear un Plan Personalizado: del Libro a la Vida Real

Entonces, has aprendido diversas técnicas y las has incorporado en tu rutina diaria.

Pero, ¿qué sucede ahora?

¿Cómo puedes asegurarte de que tus nuevas costumbres no solo sean duraderas, sino también adaptables a los cambios que la vida inevitablemente te presentará?

La respuesta está en crear un plan personalizado que vaya más allá de la simple aplicación mecánica de las técnicas aprendidas.

Pensemos en el proceso de construcción de una casa: no comenzarías a poner ladrillos al azar. Tendrías un plan, una visión global y un orden específico en el que realizar las diversas tareas. Lo mismo se aplica a tu bienestar mental. El plan personalizado es tu "proyecto arquitectónico", una guía que te ayuda a entender hacia dónde vas y cómo piensas llegar allí.

Un plan personalizado debe ser flexible y reflejar tu unicidad. No se trata de un conjunto rígido de reglas, sino de un marco dentro del cual puedes operar. Podría incluir una variedad de elementos como desencadenantes a evitar, señales que indican cuándo estás mejorando, o actividades de recuperación que te ayudan a relajarte y centrarte.

Si te parece desalentador, no te preocupes. Puedes empezar con pequeños pasos. Por ejemplo, podrías establecer un objetivo semanal para practicar una habilidad o técnica particular que te haya sido especialmente útil. Luego, con el tiempo, podrías añadir otros componentes como una práctica diaria de meditación o una lista de "comportamientos de escape" a evitar.

Otra consideración crucial es cómo enfrentar los momentos de crisis o de elevado estrés.

¿Cuáles son las técnicas o estrategias que te han sido más útiles en estas circunstancias?

Inclúyelas en tu plan, de modo que puedas acceder rápidamente a un arsenal de herramientas cuando más las necesites. También podrías encontrar útil tener una especie de "kit de emergencia" mental, un conjunto de técnicas rápidas y efectivas que puedas usar en situaciones agudas.

Incorporar la retroalimentación de otros también puede ser inmensamente útil. Habla con amigos, familiares o terapeutas que conozcan tu situación y pídeles su opinión sobre tu plan. A veces, una perspectiva externa puede ofrecer ideas que de otro modo no podrías ver.

No olvides actualizar tu plan a medida que creces y cambias. La estática es enemiga del progreso. Por lo tanto, considera cómo los diversos recursos que exploraremos pueden integrarse en tu plan para ofrecer un enfoque más dinámico y enriquecedor al problema del pensamiento excesivo. Porque, al final, tu camino hacia la tranquilidad mental es un viaje, no un destino. Y cada viaje requiere un mapa bien diseñado para guiarte.

Crear un Diario de Crecimiento: La Importancia de la Reflexión Personal

Un mapa bien diseñado es inútil si no sabes dónde te encuentras. Esto nos lleva a la importancia de la reflexión personal como herramienta para calibrar tu viaje hacia un pensamiento más saludable.

¿Alguna vez has reflexionado sobre tus pensamientos, emociones y comportamientos para ver los patrones que emergen?

Esta es la esencia de llevar un "Diario de Crecimiento". Y puede sorprenderte cuán poderoso puede ser.

Un Diario de Crecimiento no es un diario común donde simplemente anotas los eventos del día. Es más como un atlas personal de tu mente, un lugar donde anotar tus reflexiones, descubrimientos e incluso tus confusiones. Es una herramienta que te ayuda a examinar tus patrones de pensamiento, a entender tus reacciones emocionales y a explorar las profundidades de tus creencias internas.

Imagina que tienes un día particularmente estresante y recurres a un comportamiento poco saludable, como comer en exceso o procrastinar. En lugar de juzgarte duramente, podrías abrir tu Diario de Crecimiento y escribir sobre lo que sucedió. Pero la clave es hacerlo de manera estructurada, haciéndote preguntas como:

"¿Qué pensé antes de actuar así?"

"¿Cómo me sentía emocionalmente?"

"¿Hay un patrón aquí que puedo reconocer?"

Con el tiempo, comienzas a ver que emergen patrones. Tal vez descubres que tiendes a procrastinar cuando te sientes abrumado. O, quizás descubres que comes más cuando estás estresado. Ahora, la belleza del Diario de Crecimiento es que se convierte en un registro histórico de tus desafíos, pero también de tus victorias. Notarás las ocasiones en las que pudiste interrumpir un ciclo de pensamiento poco saludable o cuando tomaste una decisión más saludable. Y estas victorias se convierten en combustible para tu autoestima y tu motivación.

No subestimes el poder de la escritura a mano. Varios estudios han demostrado que el acto físico de escribir puede tener un impacto más significativo en nuestro cerebro en comparación

118

con teclear en un teclado. La escritura a mano ralentiza el proceso de pensamiento, permitiéndote explorar más profundamente tus emociones y pensamientos.

Integrar esta práctica en tu vida diaria es tanto fácil como desafiante. No es necesario escribir todos los días, pero la coherencia es fundamental. Tal vez podrías comenzar con diez minutos al final del día. Si encuentras dificultades para saber por dónde empezar, hay numerosos prompts y preguntas guía que pueden ayudarte a abrir esa puerta de la reflexión.

Un Diario de Crecimiento bien llevado no es solo un registro de tu pasado y tu presente; es también un prisma a través del cual ver tu futuro. Esto nos conduce al próximo punto: cómo las fuentes académicas y las investigaciones más recientes pueden ofrecer un contexto más amplio a tu experiencia personal, añadiendo una dimensión de comprensión que va más allá del autodescubrimiento para tocar las cuerdas de la sabiduría universal.

El Impacto de la Investigación Científica: Un Camino Hacia el Conocimiento Universal

Mientras un Diario de Crecimiento te ofrece una exploración íntima de tu mundo interior, el enfoque científico puede elevar tu comprensión, ofreciéndote una perspectiva que ha sido meticulosamente analizada, probada y revisada por pares. La ciencia del pensamiento, las emociones y el comportamiento es un campo en rápida expansión. Los estudios e investigaciones en esta área pueden proporcionar un marco sólido y reforzar tus intuiciones y descubrimientos personales, como aquellos anotados en tu Diario de Crecimiento.

Pensemos en la neuroplasticidad, por ejemplo. Este concepto, científicamente validado, postula que el cerebro tiene la capacidad de cambiar y adaptarse a lo largo de la vida. Saber que el cerebro puede efectivamente "reconfigurarse" no solo es reconfortante, sino también un poderoso incentivo. Imagina leer una investigación que muestra cómo la meditación puede alterar físicamente la estructura de tu cerebro para mejorar la concentración y reducir la ansiedad.

¿Cuánto más efectivo podría ser tu camino hacia un pensamiento más saludable, armado con este conocimiento?

Pero cuidado, el campo de la investigación científica es vasto y variado, y no todos los estudios son iguales. La importancia de acercarse a este mundo con un espíritu crítico no puede ser subestimada. Como consumidor de investigación, es fundamental saber cómo discernir entre estudios revisados por pares, meta-análisis y artículos pseudocientíficos. Una sólida comprensión del método científico, los controles, las variables y el análisis de datos puede ayudarte a navegar en este bosque de información.

Muchos de estos estudios e investigaciones se traducen en artículos accesibles y libros escritos para el público general. No necesitas tener un doctorado para comprender el impacto de la investigación en el bienestar mental. A menudo, estos trabajos vienen acompañados de ejemplos prácticos, estudios de caso y sugerencias que puedes aplicar directamente a tu vida. Es como tener un diálogo con la comunidad científica global, donde los estudios y descubrimientos se comparten para que todos puedan beneficiarse.

Tener una base sólida de conocimientos científicos también te permite ser más efectivo al compartir lo que has aprendido con otros. Puedes proporcionar no solo anécdotas personales sino también datos empíricos, agregando un nivel de credibilidad y autoridad a tu voz. Esto es particularmente útil en una era donde las "noticias falsas" y la desinformación están tan difundidas; ser capaz de respaldar tus afirmaciones con hechos basados en evidencia es más poderoso que nunca.

Este punto puede parecer muy académico, pero su relevancia en tu vida cotidiana es inmediata y práctica. Las investigaciones científicas te ofrecen las herramientas para ser tanto un estudiante como un maestro en el complejo viaje del bienestar mental. Pero el conocimiento es solo potencial; la aplicación es la clave.

La integración de la ciencia en tu práctica diaria no solo mejora tu comprensión, sino que también te permite adaptar y perfeccionar las técnicas y estrategias que has aprendido. Por ejemplo, si descubres que la investigación respalda la eficacia de la meditación para reducir el estrés, puedes sentirte más motivado para incorporar esta práctica en tu rutina diaria. Además, al estar informado sobre las últimas investigaciones, puedes ajustar tus métodos según nuevos hallazgos, asegurándote de que tu enfoque siempre esté actualizado y basado en las mejores prácticas disponibles.

En resumen, el impacto de la investigación científica en el bienestar mental no puede ser subestimado. Ofrece una base sólida sobre la cual construir, proporciona herramientas prácticas para el crecimiento personal y fortalece tu capacidad para comunicar y aplicar conocimientos de manera efectiva. Con este enfoque integral, puedes avanzar con confianza en tu viaje hacia una vida más equilibrada y significativa.

La Continuidad del Viaje: Cómo Mantenerte Actualizado y Continuar en Tu Camino de Autodescubrimiento

Después de haber aprendido las bases del crecimiento personal, adquirido herramientas útiles y consultado fuentes académicas para enriquecer tu comprensión, podrías pensar que el trabajo está hecho. En realidad, el verdadero viaje solo está comenzando. El crecimiento personal y la autocomprensión son procesos continuos. La vida está en constante evolución, y así debes estar tú. Este es el momento de instaurar mecanismos que te ayuden a mantenerte actualizado y a proseguir en tu camino de autodescubrimiento.

Si el Diario de Crecimiento ha sido tu punto de partida, piensa en él como un jardín que necesita cuidado regular. No basta con plantar las semillas; es necesario regarlas, fertilizarlas y quitar las malas hierbas. Este jardín mental es igualmente dinámico: surgen nuevos desafíos, viejos hábitos pueden reaparecer y nuevas oportunidades para el crecimiento te esperan en cada esquina.

¿Cómo te preparas para este futuro incierto pero prometedor?

Primero, mantente actualizado. En un mundo en el que la información está siempre al alcance de la mano, es más fácil que nunca acceder a nuevas investigaciones, herramientas y métodos. Pero esta abundancia de información también puede ser abrumadora. Aprende a curar tus fuentes, a seleccionar los influenciadores, los podcasts o las revistas académicas que reflejan tus objetivos y valores. No dejes que la sobrecarga de información se convierta en una nueva forma de "pensar demasiado"; en su lugar, usa esta riqueza de contenido como un río que nutre tu reservorio de conocimiento.

Segundo, integra el aprendizaje continuo en tu vida cotidiana. No necesitas dedicar horas al día a leer artículos académicos o escuchar podcasts. A veces, pequeños cambios pueden llevar a transformaciones significativas. Por ejemplo, podrías dedicar los primeros 10 minutos de tu día a leer un artículo o escuchar un podcast durante el trayecto al trabajo. De esta manera, el aprendizaje se convierte en parte de tu rutina, en lugar de una tarea adicional.

Tercero, mantén un diálogo abierto contigo mismo y con los demás. Tus experiencias, tus descubrimientos e incluso tus fracasos son todas oportunidades para el aprendizaje. Este diálogo interno puede ser registrado en tu Diario de Crecimiento, mientras que el diálogo externo puede tener lugar con mentores, amigos o incluso desconocidos en comunidades en línea que comparten tus intereses. Estos intercambios te proporcionarán nuevas perspectivas, afinarán tus ideas y te darán ese impulso emocional que a veces es necesario para superar los obstáculos.

Cuarto, revisa y adapta tus objetivos. El crecimiento es un proceso dinámico. Los objetivos que te planteaste al principio podrían no ser relevantes ahora. Y eso está bien. La flexibilidad es una virtud en este viaje. Mantén un ojo en el destino, pero estate dispuesto a tomar diferentes caminos para llegar allí.

Finalmente, practicar la gratitud y la reflexión es fundamental. Tómate un momento de vez en cuando para mirar hacia atrás y ver cuánto has avanzado. Celebra los pequeños éxitos y aprecia los obstáculos, porque ambos te hacen más fuerte y más sabio.

Y así, mientras cerramos este capítulo y este libro, estás armado con todo lo que necesitas para enfrentar el constante y fascinante viaje del crecimiento personal. Pero recuerda, el libro puede cerrarse, el viaje, sin embargo, continúa. Y tú eres el capitán de este viaje. A ti te corresponde la elección de cómo navegar en estas aguas, siempre cambiantes pero siempre ricas en posibilidades.

CAPÍTULO XII

CONCLUSIÓN Y PRÓXIMOS PASOS PARA SUPERAR EL "PENSAR DEMASIADO"

Resumen de los Principios Clave para Superar el 'Pensar Demasiado'

Hemos explorado un vasto territorio a lo largo de este libro, abordando teorías, estudios y técnicas que forman la matriz de nuestras mentes excesivamente activas. Y mientras nos preparamos para cerrar esta última página, es fundamental consolidar estas enseñanzas en un marco coherente y práctico. De este modo, la información no se convertirá simplemente en conceptos abstractos o fragmentos aislados de sabiduría, sino en herramientas reales para enfrentar la vida más allá del libro.

El primer principio a destacar es la importancia de la autoconciencia. La mayoría de las personas no son conscientes de cuánto piensan hasta que se convierte en un problema. Sin embargo, hacerse consciente de nuestros procesos de pensamiento es el primer paso para controlarlos. Sin conciencia, corremos el riesgo de ser consumidos por nuestros pensamientos, lo que, como hemos visto, puede llevar a una espiral descendente de ansiedad, estrés e infelicidad.

A continuación, está el concepto de "Distracción Creativa", un medio para desviar la energía mental de pensamientos inútiles o dañinos hacia canales más productivos. Esto no es una forma de ignorar los problemas, sino más bien un vehículo para una mejor gestión mental. En lugar de rumiar sobre el mismo pensamiento destructivo, la distracción creativa te permite usar tu mente para explorar nuevas ideas, resolver problemas o incluso crear arte.

El tercer principio es la importancia del Mindfulness. Este principio implica vivir en el "aquí y ahora" y puede practicarse a través de la meditación, la respiración profunda y otras técnicas de relajación. Es un poderoso antídoto contra la ansiedad y la necesidad constante de rumiar sobre el pasado o preocuparse por el futuro. El Mindfulness nos proporciona las herramientas para gestionar nuestro estado mental, no eliminando los pensamientos, sino convirtiéndonos en observadores neutrales de ellos.

En cuarto lugar, hemos explorado la potencia de los límites temporales. Al establecer límites al tiempo que dedicamos a pensar en cuestiones específicas, podemos prevenir el hábito de rumiar. Este mecanismo de "pensar a tiempo" puede ser particularmente eficaz porque implementa una forma de autocontrol, estableciendo límites claros entre el pensamiento productivo y la rumiación.

Por último, está el concepto de "Reflexión Constructiva". A diferencia del simple "pensar demasiado", la reflexión constructiva es cuando utilizamos nuestro tiempo de pensamiento de manera deliberada y enfocada para resolver problemas específicos o para mejorar nuestra comprensión de nosotros mismos y del mundo que nos rodea.

Para concluir, es útil pensar en estos principios como columnas que sostienen una estructura más grande de bienestar mental. Están interconectados y cada uno ofrece algo único para combatir el problema del "pensar demasiado". Cada uno de nosotros es diferente, con desafíos y circunstancias únicas, pero estos pilares pueden adaptarse y modularse para encajar en cualquier estilo de vida o conjunto de necesidades.

Recuerda que tu mente es tanto un campo de batalla como un santuario; depende de ti decidir cuál aspecto predominará. Y mientras nos acercamos a los pasos prácticos para implementar estos principios, considera este resumen como una brújula que te guiará a través de los intrincados caminos de la mente.

Las Buenas Prácticas: Un Plan de Acción para Romper el Ciclo del "Pensar Demasiado"

Tener una brújula es fundamental, pero lo que realmente importa es cómo la utilizamos en nuestro viaje cotidiano. Pasando del marco teórico a los detalles prácticos, surge la necesidad de tener un plan de acción bien definido. No basta con conocer los principios; hay que aplicarlos con constancia y determinación para ver un cambio duradero.

Comencemos con el diseño de una rutina matutina, y por buenas razones. La forma en que empezamos el día a menudo define su tono general. Si pasas los primeros momentos en la cama rumiando o preocupándote, estás estableciendo un tono que puede ser difícil de cambiar más adelante. Intenta, en cambio, empezar el día con una breve sesión de meditación o ejercicio físico. Incluso cinco minutos de meditación o una breve carrera pueden ayudarte a establecer un tono más positivo y enfocado.

Pero, ¿cómo mantenemos esta mentalidad durante el día?

Aquí entra en juego la "Técnica Pomodoro", un método de gestión del tiempo que utiliza intervalos de 'trabajo focalizado' intercalados con breves pausas. Esta técnica puede ser una excelente manera de evitar quedar atrapado en un ciclo de "pensar demasiado". Durante tus intervalos de trabajo, dedícate por completo a la tarea en cuestión, liberando tu mente de otros pensamientos. Durante las pausas, podrías practicar técnicas de mindfulness o dar un breve paseo, en lugar de deslizarte en el torbellino de las redes sociales o las preocupaciones.

Además de la rutina y la gestión del tiempo, deberías considerar la creación de un "espacio mental seguro", una especie de refugio interno al que puedas acudir cuando te sientas abrumado. Este espacio puede ser un lugar físico, como una habitación tranquila, o un estado mental alcanzado a través de la meditación u otras técnicas de relajación. El objetivo es tener un lugar donde la mente pueda "descansar" y recuperarse de la incesante actividad de pensar.

¿Y qué hacemos cuando encontramos inevitables obstáculos o recaídas en nuestro camino?

La respuesta es: adoptar una mentalidad de crecimiento. Entender que los errores y las dificultades son oportunidades para aprender y mejorar puede ayudar a minimizar la autocrítica y la reminiscencia negativa que a menudo acompañan a los desafíos. Recuerda, el perfeccionismo es el enemigo del progreso.

Finalmente, vale la pena considerar una forma de rendición de cuentas o responsabilidad. Ya sea un diario, un coach o un amigo cercano, tener a alguien o algo con quien "registrar" tus progresos puede proporcionar ese empuje extra necesario para mantener tus buenas prácticas. No se trata solo de tener un sistema de recompensas o castigos, sino de tener un medio para ver cuánto has avanzado y qué puedes hacer para mejorar aún más.

Incorporar estas buenas prácticas en tu vida diaria es como agregar herramientas a tu caja de herramientas mental. Y con estas herramientas a tu disposición, estás mejor equipado para navegar los desafíos de la vida sin dejarte abrumar por los recovecos de tu mente. Así, mientras pasamos al glosario de términos clave que siguen, veamos estos términos no solo como definiciones, sino como los ladrillos con los que construir tu resiliencia y equilibrio mental.

Cómo las Comunidades Pueden Apoyar el Control del 'Pensar Demasiado'

Después de haber explorado a fondo las técnicas individuales y las herramientas para gestionar el 'pensar demasiado', es crucial reconocer que no somos islas aisladas. Aunque es cierto que la auto-mejora comienza con nosotros mismos, también es cierto que ningún hombre es una isla. La comunidad que nos rodea, ya sea la familia, un grupo de amigos o una red más amplia, juega un papel crucial en moldear y sostener nuestra mentalidad.

Empecemos hablando de la familia. La familia es a menudo el primer grupo social con el que entramos en contacto y, por lo tanto, tiene el poder de moldear muchas de nuestras creencias y comportamientos. Las familias pueden fomentar una mentalidad de crecimiento, facilitar conversaciones abiertas y constructivas, y proporcionar un entorno de apoyo emocional. Si sospechas que los miembros de tu familia están enfrentando problemas relacionados con el 'pensar demasiado', no subestimes el poder de una conversación abierta y honesta. Una familia que comunica abiertamente puede cultivar un entorno en el que las personas se sientan libres de expresar sus pensamientos sin temor al juicio.

Cuando se trata de amistad, la importancia del apoyo de los pares no puede subestimarse. Los amigos pueden actuar como una especie de "red de seguridad emocional", ofreciendo consejos, empatía y, a veces, simplemente un oído atento. Trata de cultivar relaciones con personas que compartan tu aspiración a crecer y mejorar. La amistad, en este contexto, no es solo una fuente de confort, sino también un recurso para el crecimiento personal.

En el mundo digital de hoy, las comunidades en línea ofrecen otra capa de apoyo. Foros, grupos en redes sociales y plataformas dedicadas pueden servir como espacios para compartir experiencias, aprender de otros e incluso encontrar inspiración para superar la tendencia al 'pensar demasiado'. Sin embargo, es crucial acercarse a estos espacios con precaución. No todas las comunidades en línea son constructivas; algunas pueden incluso alimentar la negatividad y la ansiedad.

Además de estos, existen organizaciones profesionales, grupos de apoyo y figuras de asesoramiento que pueden proporcionar una estructura más formal para abordar este problema. Desde terapeutas y coaches hasta organizaciones enteras dedicadas a la salud mental, la asistencia profesional puede ofrecer un enfoque más estructurado y basado en evidencia científica para la gestión del 'pensar demasiado'.

Estos diferentes niveles de comunidad no son exclusivos, sino complementarios. Una red de apoyo bien equilibrada comprende diferentes tipos de relaciones y recursos. Y al igual que una casa necesita cimientos sólidos para mantenerse en pie, una buena red de apoyo es esencial para sostener tu bienestar mental a largo plazo.

Entremos ahora en la fase final de nuestro viaje. Después de haber explorado el laberinto del 'pensar demasiado' en todos sus intrincados detalles, es momento de recoger los frutos de este arduo trabajo. Examinaremos cómo agradecer y reconocer todos los recursos que nos han acompañado en este viaje, porque la gratitud, como veremos, es otra herramienta poderosa para anclar nuestra mente y liberarla de la trampa del 'pensar demasiado'.

La Importancia de la Gratitud y del Auto-Reconocimiento para Superar el 'Pensar Demasiado'

Después de navegar por las complejidades del 'pensar demasiado' y de cómo los diferentes niveles de comunidad pueden actuar como redes de apoyo, es justo que hagamos una pausa para expresar nuestra gratitud. La gratitud es más que un simple gesto de cortesía; es una potente palanca psicológica que puede ayudarnos a reconocer los progresos realizados y a desviar nuestra atención de las espirales mentales negativas.

Primero, es fundamental ser agradecidos con nosotros mismos. Superar el 'pensar demasiado' es un viaje arduo y tortuoso que requiere fuerza, resiliencia y un compromiso constante. Dándonos el crédito que merecemos, reforzamos nuestra autoestima y nos ofrecemos a nosotros mismos un poco de amabilidad y comprensión que tanto necesitamos. Sí, ha habido derrotas en el camino, pero centrarse en las victorias, por pequeñas que sean, puede ser increíblemente poderoso. Celebrar nuestros éxitos puede mover la aguja emocional lejos de la autocrítica destructiva hacia un enfoque más compasivo.

Luego está la gratitud hacia quienes nos han apoyado: familia, amigos, mentores e incluso desconocidos en línea que han compartido con nosotros sabiduría y aliento. Reconocer abiertamente la importancia de su apoyo no solo refuerza nuestros lazos con ellos, sino que también nos sirve como recordatorio de que no estamos solos en esta lucha. Muchos de los métodos y estrategias que hemos explorado en este libro no habrían sido posibles sin los conocimientos y experiencias compartidos por otras personas. Es un ciclo virtuoso: cuanto más agradecidos somos, más positividad y apoyo atraemos a nuestras vidas.

La gratitud también puede extenderse más allá de los individuos para incluir circunstancias o experiencias que, aunque difíciles en su momento, han contribuido a nuestro crecimiento personal. A veces, es precisamente la resistencia lo que nos hace emerger más fuertes y sabios. Una mentalidad agradecida puede transformar problemas en oportunidades y obstáculos en lecciones.

Pero, ¿cómo podemos practicar la gratitud de manera efectiva?

Una de las técnicas más simples pero poderosas es llevar un diario de gratitud. Dedicar unos minutos al día para anotar aquello por lo que estamos agradecidos puede tener un impacto significativo en nuestra psique. Este acto aparentemente simple cambia nuestro enfoque mental, permitiéndonos ver el vaso medio lleno en lugar de medio vacío.

Sin embargo, la gratitud no es solo una práctica individual; también es una práctica colectiva. Expresar abiertamente nuestra gratitud hacia los demás refuerza los lazos sociales y crea una red de apoyo más sólida. Podría ser un agradecimiento verbal, una carta de apreciación o un gesto significativo que comunique nuestro reconocimiento.

Ahora, mientras nos acercamos a la conclusión de este libro, es momento de mirar hacia adelante. Si la gratitud es la herramienta que nos ayuda a arraigarnos en el presente y a apreciar el camino recorrido, el próximo punto será un recordatorio de cómo mantener el contacto con estos recursos vitales y seguir construyendo sobre los cimientos que hemos establecido. Mantener el contacto no es solo una manera de obtener apoyo, sino también una forma de ofrecer apoyo, y en este intercambio recíproco encontramos uno de los antídotos más poderosos contra el 'pensar demasiado'.

La Sostenibilidad del Cambio: Mantenerse Conectado para Evitar el 'Pensar Demasiado'

A medida que empezamos a cerrar este libro, vale la pena reflexionar sobre la importancia de la continuidad. La capacidad de mantener y aplicar lo que hemos aprendido es tan crítica como el descubrimiento inicial de las estrategias y técnicas para combatir el 'pensar demasiado'. Y una de las maneras más efectivas para asegurar esta sostenibilidad es mantenerse conectado con nosotros mismos, con los demás y con los recursos que nos han traído hasta aquí.

En un mundo en continua evolución, los desafíos nunca terminan. Las tentaciones de recaer en viejos esquemas de pensamiento hipercrítico o de espirales de preocupación están siempre a la vuelta de la esquina. Sin embargo, la red de apoyo que hemos construido se convierte en una especie de "red de seguridad emocional". Mantener el contacto con esta red es una poderosa herramienta preventiva contra la vuelta a los antiguos hábitos de pensamiento.

Las redes sociales, boletines informativos, podcasts y grupos de apoyo en línea son solo algunas de las plataformas a través de las cuales podemos mantenernos comprometidos e informados. Estos canales no solo sirven como escaparates para nuevos materiales e investigaciones, sino también como foros donde podemos compartir nuestras experiencias, desafíos y éxitos. Este tipo de interacción no solo es reconfortante, sino también edificante, ofreciendo nuevas perspectivas que pueden ayudar a mitigar el hábito de 'pensar demasiado'.

Pero la conexión no necesariamente debe ser digital o mediada por pantallas. Las interacciones humanas cara a cara también juegan un papel crucial en mantener vivo el progreso. Ya sea en grupos de terapia, eventos de networking o simples reuniones entre amigos y familiares, el valor de una interacción humana auténtica no puede subestimarse. Es en los momentos de conexión genuina donde a menudo encontramos las intuiciones más profundas y las soluciones más creativas a nuestros problemas.

Y luego está la conexión con uno mismo, quizás la más importante de todas.

¿Cómo podemos esperar mantener los cambios positivos si no hacemos un chequeo regular con nosotros mismos?

La meditación, la reflexión diaria, o incluso actividades como el senderismo y la pintura, que permiten espacios para la reflexión interna, son todas prácticas válidas. Son momentos en los que podemos evaluar honestamente dónde nos encontramos en nuestro camino, qué ha cambiado y qué aún necesita cambiar.

La sostenibilidad del cambio no es un concepto estático, es un proceso en continua evolución que requiere atención y mantenimiento regulares. Es como un jardín, si lo dejas sin vigilancia, las plantas que has cultivado con esfuerzo pueden marchitarse o ser ahogadas por las malas hierbas. Pero con la cantidad adecuada de cuidado y compromiso, ese jardín no solo sobrevivirá; prosperará.

Ahora, mientras reflexionamos sobre el viaje que hemos emprendido juntos a través de las páginas de este libro, es fundamental recordar que el final de un capítulo no es el final de la historia. El conocimiento y el crecimiento son procesos continuos. Y así como hemos explorado y desentrañado las múltiples dimensiones del 'pensar demasiado', así debemos permanecer vigilantes y comprometidos en nuestro camino hacia un pensamiento más sano y una vida más satisfactoria. Con este espíritu de continuo aprendizaje y conexión, el futuro es brillante, y el 'pensar demasiado' se convierte cada vez más en una sombra del pasado en lugar de un obstáculo en el presente.

Queridos lectores, les agradezco de corazón por haber elegido emprender este viaje conmigo. Espero que las páginas de este libro hayan iluminado su camino hacia una comunicación más auténtica y gratificante. Les invito cordialmente a compartir su experiencia a través de una reseña, ya que sus comentarios son una guía valiosa para mí como autor.

Juntos, podemos construir un futuro en el que la comunicación asertiva esté al alcance de todos, contribuyendo a crear vínculos más sólidos y un crecimiento personal duradero. Gracias nuevamente por su apoyo y confianza. Que su camino esté iluminado por continuos descubrimientos y realizaciones.

Con gratitud,

Alessio Bianco.